専門学校質保証シリーズ

高等職業教育質保証の理論と実践

一般社団法人 専門職高等教育質保証機構／編
代表理事 川口昭彦／著

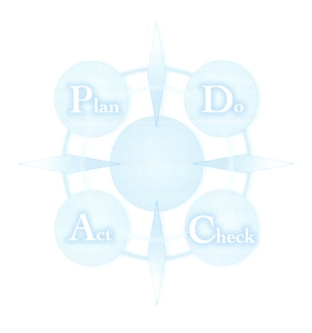

ぎょうせい

まえがき

　専修学校専門課程（専門学校）は、高等学校卒業者にとって、大学に次いで二番目に大きな進学先となっています。専門学校は、実践的な職業教育を行う教育機関として、わが国の高等教育の重要な一翼を担ってきました。近年、職業教育の重要性が強調されており、欧米をはじめ世界各国が、高等職業教育の改革に積極的に取り組んでいます。高等教育改革のなかで、第三者による質保証は、必要不可欠なテーマとなっています。

　大学（大学院を含む）、専門職大学院、短期大学および高等専門学校には、学校教育法に基づいて認証評価を定期的に受審することが義務づけられています。高等教育機関は、その教育研究等の水準の維持および向上を図るために、第三者機関による評価を定期的に受けることが国際的な流れとなっています。わが国の専修学校では、自己評価が義務づけられてはいますが、第三者評価については、喫緊の検討課題です。

　企業等との密接な連携をつうじて、より実践的な職業教育の質の確保に組織的に取り組む専修学校の専門課程を文部科学大臣が認定する「職業実践専門課程」が、2013年度（平成25年度）から発足しました。しかしながら、専門学校は、教育の質が制度上担保されていないこともあり、必ずしも適切な社会的評価を得られていないのが現状です。2013年度から発足した職業実践専門課程の第三者評価制度についても、「専修学校の質の保証・向上に関する調査研究協力者会議（文部科学省生涯学習政策局）」で議論が進められています。

文部科学省は、実践的な職業教育を行う新たな高等教育機関の制度化に向けて、有識者会議における審議結果をまとめました（2015年3月27日）。審議のまとめを踏まえて、中央教育審議会等において、わが国の将来を担う質の高い専門職業人養成が実現するように、具体的な制度設計等について審議が始まっています。

　一般社団法人専門職高等教育質保証機構は、当初、一般社団法人ビューティビジネス評価機構として、文部科学大臣から専門職大学院のうちビューティビジネス分野の認証評価を行う認証評価機関として認証されました（2012年7月31日）。平成24年度には、ハリウッド大学院大学（ビューティビジネス研究科ビューティビジネス専攻）の専門分野別認証評価を実施し、評価結果を公表しました（2013年4月5日）。今回、専修学校（とくに、職業実践専門課程）教育の評価・質保証事業への展開をめざして、法人名を変更し、専修学校職業実践専門課程第三者評価の試行を実施しています。

　このような具体的な質保証事業だけではなく、わが国の職業教育に質保証文化の醸成・定着をめざして、専門学校質保証シリーズの発刊を計画しました。このシリーズの第一巻である本書では、職業教育の質保証の基本的な枠組み、質保証に取り組むための考え方、手法、課題などについて解説します。

2015年11月

一般社団法人専門職高等教育質保証機構
代表理事　川　口　昭　彦

目　次

まえがき

第一部　高等教育に「質保証」が求められる理由

第1章　社会のパラダイム・シフトと職業教育への期待 ……… 3
第1節　社会の大転換（パラダイム・シフト）……………… 3
1．産業社会から知識社会への移行　*4*
2．知識社会が求める技能　*6*
第2節　高等教育の大転換（パラダイム・シフト）…………… 8
1．教育から学習へ　*9*
2．日本の雇用環境の変化　*10*
3．持続可能（サステイナブル）社会構築に資する人材養成　*11*
第3節　日本の職業教育を担う高等教育機関：専門学校 ……… 13
1．知識社会に見直される専門学校　*14*
2．世界は日本の職業教育に注目している　*17*

第2章　評価は、目的ではなく、手段である！ ……………… 20
第1節　質保証・質向上のための評価 ……………………… 21
1．「質」とは？　*22*
2．「質保証」とは？　*25*
第2節　説明責任を果たすための質保証 …………………… 27
1．質保証情報を受信する関係者は誰か？　*27*
2．説明責任の内容は何か？　*28*
第3節　事前規制と事後チェック ……………………………… 29
1．設置認可制度：事前規制　*30*

2．自己点検・評価と認証評価制度：事後チェック　*32*

第3章　職業教育改革 …………………………………………… *36*
第1節　日本の高等教育の歴史と質保証 ………………………… *37*
　　1．新制大学の誕生前夜から発展まで　*37*
　　2．単線型高等教育体系の多様化と専門職高等教育（職業教育）の進化　*39*
　　3．専修学校質保証の歩み　*42*
第2節　職業実践専門課程の創設 ………………………………… *46*
　　1．職業実践専門課程の目的および認定要件　*47*
　　2．第三者質保証　*49*
第3節　実践的な職業教育を行う高等教育機関の制度化 ……… *50*
　　1．基本的な方向性と制度化にあたっての主要論点　*51*
　　2．質保証システムと情報公開　*52*

第二部　専門学校質保証の理論と技法

第1章　個性・特色をみせる ……………………………………… *59*
第1節　使命、目的、目標を明確に ……………………………… *60*
　　1．使命と理想像　*60*
　　2．目的、目標そして計画　*62*
　　3．目的、目標を設定するための留意点　*63*
第2節　組織がもつ資源の把握 …………………………………… *65*
　　1．人的資源の把握　*66*
　　2．SWOT分析とバランスド・スコアカード　*68*
第3節　教育力の改善と向上：意識改革 ………………………… *71*
　　1．学生による授業評価　*71*
　　2．教員相互の授業評価とファカルティ・ディベロップメント（FD）　*73*
　　3．組織内での役割分担と教員に求められる能力　*75*

第2章　成果をみせる ……………………………………………… 78
第1節　社会が求める情報の発信 ………………………………… 79
1．高等教育機関が発信する情報に社会は満足していない　*80*
2．誰にどのような情報を発信すればいいのか？　*81*
第2節　期待される学修成果は何か？ …………………………… 83
1．教育パラダイムと学習パラダイムとの比較論　*83*
2．学修成果とは　*85*
第3節　学修成果を測る …………………………………………… 88
1．学修成果の定義　*89*
2．学修成果が求められる背景　*90*
3．学修成果の測定　*92*

第3章　内部質保証と第三者質保証 ……………………………… 96
第1節　内部質保証システムの構築 ……………………………… 97
1．自己点検・評価から内部質保証システムへの進化　*98*
2．学校関係者評価　*101*
第2節　第三者質保証 ……………………………………………… 102

第4章　資料・データの収集・分析と情報公開 ………………… 106
第1節　定量データによる教育の特徴の把握 …………………… 106
1．データに基づく分析の優位性　*107*
2．教育成果の基盤的指標による組織レベルの診断　*109*
第2節　情報発信と学校情報データベース …………………… 112
1．情報提供の必要性と期待される効果　*113*
2．データベースによる学校情報の発信と活用　*115*
第3節　流動性の高い高等教育への対応 ………………………… 116
1．資格枠組　*117*
2．学位・学習歴の認証　*120*

第三部 大学等には質保証（評価）文化が定着している

第1章 認証評価 …………………………………………… *127*
第1節 認証評価制度の導入 ……………………………… *127*
1. 大学審議会答申（1998年） *128*
2. 学校教育法の改正（2003年） *129*
3. 認証評価機関はどのようにして設置されるのか *130*
第2節 機関別認証評価 …………………………………… *132*
1. 基本的方針・特色 *133*
2. 評価基準 *135*
3. 実施体制、方法、スケジュール *137*
第3節 専門職大学院の専門分野別認証評価 …………… *139*
1. 法科大学院認証評価 *141*
2. 法科大学院以外の専門職大学院認証評価 *142*

第2章 認証評価の検証 …………………………………… *146*
第1節 アンケート調査による検証 ……………………… *146*
1. 認証評価の効果と影響 *147*
2. 作業量とコストパフォーマンス *149*
第2節 大学評価結果の分析 ……………………………… *151*
第3節 認証評価の課題 …………………………………… *154*
1. 社会的説明責任を果たすためには？ *154*
2. 受審校と評価担当者との認識の差 *155*
3. 認証評価結果の国際的発信に向けて *156*

第3章 分野別教育評価 …………………………………… *159*
第1節 技術者教育プログラムの認証 …………………… *159*
1. 技術者教育プログラム認定の目的 *160*

2．基本思想と認定基準　*162*
　第2節　薬学教育（6年制）プログラムの認証 ………………………… *163*
　第3節　医学教育プログラムの認証 ……………………………………… *166*

参考文献・資料

あとがき

編著者紹介

第一部
高等教育に「質保証」が求められる理由

今日の国際社会では、世界観、基本的な価値観、社会的・経済的・政治的構造、あるいは芸術に至るまで、すべてが変化しています。さらに、各国や各地域の内外で、政治、経済、社会、文化などのあらゆる面において熾烈な競争が繰り広げられるとともに、今後に向けた持続可能性（サステイナビリティ）が課題として叫ばれています。

「知識社会」という言葉で象徴されるように、人や情報が自由に国境を越えてしまう現在では、多種多様な情報をいかに活用できるかが、国や地域のみならず組織や個人の競争力を規定してしまいます。このような情勢のもとで、高等教育が非常に重要となっています。すなわち、教育をとおして高度な知識や技能を身につけた人材を育成することの重要性が、世界的に認識されているわけです。多くの国や地域では、このような認識に基づいて、高等教育の改革や充実に取り組み、その競争力を高める努力をしています。

このような高等教育の世界的潮流に共通するキーワードは、①第三者による質保証、②教育パラダイムから学習パラダイムへの転換、そして③職業教育の改革・充実です。学習パラダイム・シフトおよび第三者による質保証については、大学等を含めた高等教育全体の課題です。したがって、これらの課題については、大学評価文化シリーズ（独立行政法人大学評価・学位授与機構編集）で議論してきましたので、重複する部分もありますが、本書でも言及したいと思います。21世紀の高等教育を考える際には、高度な職業教育の重要性が欧米諸国はじめ各国で認識されています。このような流れを踏まえて、この第一部では、わが国の職業教育の改革・充実についても議論したいと思います。

第1章

社会のパラダイム・シフトと職業教育への期待

　20世紀は産業社会として発展してきました。石炭が動力（エネルギー）源として利用された産業革命から200年以上経過し、産業革命から始まった工業化に支えられて世界は大発展を遂げました（工業化社会）。20世紀後半には、石油が石炭に取って代わることになりましたが、基本的な流れは変わらず、発展の速度はさらに加速しました。石油や石炭は、いわゆる化石燃料であり、これらをエネルギー源として利用すると多量の二酸化炭素（CO_2）が発生します。この二酸化炭素が世界の発展に翳（かげ）を落とすことになるとは、1980年代頃までは、ほとんどの人々は予想もしていなかったでしょう。

　産業社会の大発展のなかでは、私たちはあまり気がつかなかった負の部分が、20世紀末頃から顕著となり、人類の将来にも翳りとなってきました。ある地域での些細な活動が、全地球的に影響を及ぼしてしまうような事態もみられるようになり、持続可能（サステイナブル）社会の構築あるいは持続可能な成長が危急の話題となり始めました。すなわち、21世紀を乗り切るための新しい「知」が渇望されるようになったわけです。

　このような社会の変化のなかで、高等教育に対する考え方・方向性についても大きく変革が求められ、その大転換いわゆる「パラダイム・シフト」も喫緊の課題となっています。すなわち、新しい高等教育の枠組みに対する期待が高まっています。

第1節　社会の大転換（パラダイム・シフト）

　20世紀も終わりに近づいた頃、経済などの一面的な豊かさの追求のみによっては豊かな社会を実現することはできないことに、私たちは気づきまし

た。わが国でも、少子高齢化、高度情報化、国際化などの急速な進展にともなって、さまざまな課題が生じています。たとえば、環境問題、社会保障、地域間格差の広がり、世代間の社会的・経済的格差の固定化、社会の安全・安心の確保などです。国際社会においても、国際競争が激化するなかで、民族・宗教紛争や国際テロなど人類の安全が脅かされています。地球環境問題や食糧・エネルギー問題などでも、人類全体が一丸となって取り組まなければならない課題が山積しています。

1．産業社会から知識社会への移行

　産業社会（工業化社会）の代表は製造業です。各国の製造業の就業者数（全就業者に占める割合）という指標でみると、ポスト産業社会への転換が窺えます[1]。日本と欧米諸国とを比較すると、その差は約20年ありますが、同じような状況が垣間みえます。わが国の製造業の就業者数のピークは1992年（25％）で、サービス業の就業者数が製造業のそれを抜いたのは1994年で、2011年には16％にまで下がっています。一方、アメリカ合衆国では、全雇用者に占める製造業の割合は1966年がピーク（28％）で、石油ショック（1970年代）とグローバル化（2000年代）で比率低下が急速に進み、2011年には9％にまで落ち込んでいます。西欧諸国も同じような傾向があり、1970年代の二度の石油ショック以降は、脱産業社会が急速に進行しました。すなわち、西欧諸国やアメリカ合衆国では、ポスト産業社会への伏線は1970年代にあったと思われます。わが国の脱産業社会が欧米のそれより20年程度遅れた理由の議論は、誌面の関係で省略します。この期間が「失われた20年」と揶揄されることもありますが、日本型産業社会が1990年代まで続いたわけです。

　製造業とサービス業では、それらの「質」を評価する視点に大きな差があります（コラム1-1）。製造業では、一定の製品を大量に製造することによってコストダウンを図ることが重要であり、「欠点がなく画一的な」ことに重点があります。一方、サービス業では、欠点がないことに加えて、「顧客の満足」という視点が重要視されます。顧客には、それぞれの個性があるわけ

ですから、「多様性」「個別化」あるいは「個性化」が必然的に求められるようになります。

> **コラム 1-1**
>
> 「質」に関する理解
> **製造業**：決まった基準で判定する質であり、多様性という考え方が入る余地は少ない。質とは、**欠点がないこと**（zero defects）を意味する。
> **サービス業**：欠点を最小限にすることのみならず、顧客に不満がないという視点が入る。質とは、**顧客満足**（consumer satisfaction）を意味する。

このような状況に対応するためには、産業社会にはなかった新しい知の創造が急務となり、21世紀は「知識社会（Knowledge Society）」の時代といわれています[2]。専門的知識・技能によって、新しい未知の事態に対応しなければならない時代に突入しました（表1-1）。これからの知識社会においては、高等教育を含めた教育が、個人の人格形成の上でも、社会・経済・文化の発展・振興、国際競争力の確保などの国家戦略のうえでも、きわめて重要になってきています。物質的経済的側面に偏るのではなく、精神的文化的側面との調和がとれた社会を実現し、高度な技能をもち他者の文化を理解し尊重することのできる能力を備えた人材を育成することが、これからの教育に強く求められています。知識は日進月歩で、技術革新が絶え間なく起こることになりますから、生涯学習のニーズも増大します。とくに、高等職業教育

表1-1 知識社会とは具体的にどのような社会か？

- 知識には国境がなくグローバル化が一層進む。さらに、職業選択の自由度が広がり、性別や年齢を問わず参画することが促進される（**流動的**）。
- 知識は日進月歩であり、競争と技術革新が絶え間なく生まれることになる。また、機会が平等に開かれることによって、成果をあげられる人とそうでない人の差が顕著となる（**競争的**）。
- 知識の進展は旧来のパラダイムの転換をともなうことが多く、幅広い知識と柔軟な思考力に基づく判断が一層重要となる。すなわち、一つの専門分野に固執するのではなく、他分野を自分の仕事に取り込むことが重要となる（**専門分化的**）。
- 成果を産み出すためには、多様な専門家の協力が不可欠となる（**チームとしての協調性**）。

の責務は、高い専門性に根ざした先見性・創造性・独創性に富む人材の育成です。

　ポスト産業社会では、情報技術が進歩して、国際化・グローバル化も進んでいます。したがって、産業社会では特別な生産工程を備えた施設が必要でしたが、正確な設計図さえあれば世界中のどこでも安い工場に生産を発注することが可能になります。コンピュータ制御の自動機械があれば熟練工はあまり必要なくなります。すると、先進国の製造業は、国内の賃金が高いので、海外に移転するか、海外の工場と契約をすることになります。結果として、先進国では製造業が減り、情報産業や、IT技術を駆使してグローバルに投資する金融業などが盛んになりました。すなわち、知識社会は情報化社会でもあるのです。世の中に溢れている情報を的確に分析して、自らの個性を示す情報を発信する能力が問われることになります。

　知識社会とグローバル化は切り離せません。グローバル化のメリットは、チャンスの拡大でしょう。これまであったビジネス上の障害がグローバル化によって次第に取り払われることにより、ビジネスチャンスは大幅に拡大します。とくに、国内経済の成長力が落ちてきている日本企業にとって、この恩恵は計り知れません。一方、デメリットのひとつは、不確定要素が増えることでしょう。別の言葉でいえば、リスクの増大です。関係する国、社会あるいは人が増えることによって、これまでは想像もつかなかった事態が起こる可能性が高くなります。そのリスクをどう最小化するかが課題となります。また、リスクが顕在化したときの対処の仕方も問われることになります。組織の柔軟性を維持できなければグローバル化を生き残ることも難しくなりますから、リスクに柔軟に対応できる人材が不可欠となります。

2．知識社会が求める技能

　知識や技能を働かせることが、いまや社会・生産活動の中心となっています。無形の知識・技能こそが価値の源泉であるとして、戦略、組織、事業など経営のあらゆる側面を「知識」という観点から捉えようとする「知識経営」

も発展しています。知識・技能は課題を解決しようとする行動に結びついた時に初めて意味をもつものであり、そうでないものは単なる情報にすぎません。したがって、知識・技能は、それが取り組むべき課題によって、位置づけや重要性が異なってくることになります。

知識社会の特色は、表1-1に示した4点にまとめられます。知識社会では、一人ひとりの専門的な知識・技能と複数の人たちの協働が不可欠であることが理解できるでしょう。知識社会では、働き方が「自由」で「多様」になり、いろいろな生き方が許容されるようになります。また、一度社会人になった後においても、産業・経済の急速な変化を受けて、より高度な知識や技術の習得をめざす学び直しの機会を拡大する必要性が高まってきます。そのため、一人ひとりの人間にとっては、自らの社会的地位や機能を見いだすコミュニティが必要となります。高等教育機関には、その役割を果たすことも求められています。したがって、近年では、知識社会を支える核の一つとして、社会へ開かれた高等教育機関へのアプローチの機会が増大しており、自ら情報発信を積極的に行って、説明責任を果たすことは高等教育機関にとって責務となっています。

表1-2　知識社会と産業社会に求められる能力の比較

知　識　社　会	産　業　社　会
人間力・時代を生き抜く力	基礎的な学力
ネットワーク形成力・交渉力	協調性・同質性
多様性	標準性
個性あるいは個別性	共通尺度での比較可能性
能動性	順応性
新しいものに挑戦する意欲・創造性	知識量・知的操作の速度

『多元化する「能力」と日本社会―ハイパー・メリトクラシー化のなかで』本田由紀、NTT出版、2005を参考に作成

知識社会が必要とする能力は、産業社会のそれとは異なります（表1-2）。産業社会は、上述のように、比較的画一性が高い社会であるために、そこで必要な学力、知識、技術あるいは能力は、比較的定義しやすく、また社会で

共有される傾向にありました。したがって、知識伝達型の教育や暗記型の学習が中心となったわけでしょう。標準的な知識や技術等を基礎として、それらを如何に応用して広げていくかが問われることになりました。組織のなかでは、構成員の協調性や順応性が重視されることになりました。

21世紀前半は、グローバル化や情報化の進展、少子高齢化などの社会の変化のなかで、経済状況の厳しさの拡大、社会の活力低下、労働市場や産業・就業構造の流動化、地域間格差の拡大・固定化、価値観の変化など、政治、経済、社会、文化など多方面にわたって大きな構造的変化に直面しています。また、わが国は東日本大震災という未曾有の災害に見舞われました。これらの大変動にともなって、個人にとっても社会にとっても将来の予測が困難な時代が到来しています。今や、社会システム全体のパラダイム・シフトを模索しなければならない環境におかれています。このような厳しい環境を乗り越えるためには、人間の英知を結集しなければならないわけで、これが「知識社会」といわれる所以です。

第2節　高等教育の大転換（パラダイム・シフト）

高等教育のパラダイム・シフトは、「教育パラダイム」から「学習パラダイム」へ、あるいは「教員の視点にたった教育（Teacher Centered Education)」から「学生の視点にたった学習（Student Centered Learning)」への転換です[3]。この背景には、前節で解説しましたように、急速に進む知識社会への転換があります。すなわち、知識社会や生涯学習社会では、基本的な知識や技能を獲得するだけでは十分ではなく、知識・技能の活用能力や創造性、生涯をつうじて学び続ける基礎的な能力を培うことが重要視されています。このような能力は、地球の持続可能性に脅威をもたらすような課題に直面している現代社会にとって、とくに不可欠なものとなっています。

1．教育から学習へ

中央教育審議会「学士課程教育の構築に向けて（答申）」（平成20年12月24日）[4]および中央教育審議会「新たな未来を築くための大学教育の質的転換に向けて～生涯学び続け、主体的に考える力を育成する大学へ～（答申）」（平成24年8月28日）[5]では、「学生の主体的・能動的な学びを引き出す教授法を重視し、例えば、学生参加型授業、協調・協同学習、課題解決・探究学習などを取り入れる」ことが提言されており、「学生の学び」の重要性が強調されています。これまでは教育を考える際、教員が、「どのような内容、方針、体制で教育を行っていたのか」といういわば提供者側の"提供するまで"に留まっていました。この答申では、大学教育を中心に述べられていますが、内容的には高等教育一般に共通した内容です。すなわち、教育の享受者である学生自身が、確かに学んでいるのか、また、その授業という場が終わっても、彼らが引き続き自ら学び続けていくのかという視点への転換を求めているのです。この流れは、2013年（平成25年）の答申「第2期教育振興基本計画について」にも受け継がれ、基本施策8「学生の主体的な学びの確立に向けた大学教育の質的転換」において「学士課程教育においては、学生が主体的に問題を発見し、解を見いだしていく能動的学修（アクティブ・ラーニング）や双方向の講義、演習、実験等の授業を中心とした教育への質的転換のための取組を促進する」と記されています[6]。

この流れに対応する形で、学習環境（表1-3）が変化[7]するとともに、教育評価の枠組みも変化してきています。つまり、「学生がいかに学んだのか」という点、すなわち「学修成果」が問われるようになっています（詳細は第二部第2章、p.78～95）。わが国では、大学をはじめとする高等教育機関は、7年に1度機関別認証評価を受けることが法律により定められています。認証評価を実施する各評価機関の評価基準は、2011年度からの第2サイクルでは、学修成果に注目する方向に変更されています。たとえば、独立行政法人大学評価・学位授与機構では、旧来の基準6「教育の成果」を「学習

成果」に名称を変更し、「教員の視点にたった教育（教員が教えたこと）」から「学生の視点にたった教育（学生がどのような能力を身につけるか（つけたか））」へ視点の転換を図りました(7)。

表1-3　教員中心の学習環境と学生中心の学習環境の差異

	教員中心の学習環境	学生中心の学習環境
クラスの活動	教員中心、一方向	学習者中心、双方向
教員の役割	事実の伝達者、常に専門家	協力者、しばしば学習者
指導の強調点	事実の暗記	関係性、問い、創造
成績評価	基準準拠、多肢選択	理解の質、到達度評価、パフォーマンス評価
テクノロジーの利用	ドリルと練習	コミュニケーション、アクセス、協力、表現

『大学評価文化の定着—日本の大学は世界で通用するか？』(8)を参考に作成

2．日本の雇用環境の変化

　これからの知識社会に貢献する人材を如何に育成するかを考えるとき、日本の職業に関わる能力開発の変化も念頭に入れておく必要があります。新規学卒者の一括採用とともに、長期雇用を前提とした企業内教育・訓練も、わが国の雇用慣行の大きな特徴でした。これまでは、学校において基礎的な知識・技能を身につけさせて、職業に必要な専門的知識・技能は、主に企業内教育・訓練等をつうじて、仕事をしながら育成していくことが一般的でした。ところが、最近のアンケート調査によると、人材育成の課題があるとする企業は全体の約7割に達しています(9)。その理由として、指導する人材や時間の不足などがあげられています。具体的には、非正規雇用の増加により、正規雇用者の労働時間の増加が企業内教育・訓練中心の人材養成に割く時間を圧迫していること、日本の企業の大半を占める中小企業が厳しい経済状況のもとで人材育成にかける費用・時間を縮小していること、せっかく育

成しても辞めてしまうのではないかという不安から企業内教育・訓練を実施する動機づけが低下していることなど、企業が人材育成を行う余裕を失っている状況が窺えます。

> **コラム 1-2**
> わが国の雇用環境の変化が高等教育の方向性に影響している。

また、非正規雇用者の増加が、職業能力の形成に問題を生じさせています。一般的に、非正規雇用者は、正規雇用者に比べて企業内教育・訓練を受けられる機会が限られており、自発的な取組による能力向上を求められる傾向にあります[9]。したがって、正規雇用となるために中途採用を行う際には、企業は専門的な知識・能力を重視する傾向になります。

このように、日本の雇用慣行の変化も高等教育が育成すべき人材像に影響を与えているものと思われます。

3．持続可能（サステイナブル）社会構築に資する人材養成

東日本大震災直後に、「想定外の……」という言葉をよく耳にしました。また、地球温暖化との関係で、世界各地で異常気象現象が報じられています。このような事態から、現代社会の持続可能性（サステイナビリティ）を追求する動きが注目されています。

知識社会は予測困難な時代であって、ある程度ものごとの動向が予想できる産業社会とは違って、"答のみえない問題"に対して最善の解を導きだす能力が重要視されます。周囲の環境が刻々と変わるなかで、こうすれば正しい結果がでるといった模範解答は、どの分野でもなくなりつつあります。したがって、多様性が不可欠となるとともに、自主的に課題を発見し、それに挑戦していく意欲や創造性、個性などが求められます。すなわち、想定外の事態に遭遇したときに、そこに存在する問題を発見し、それを解決する方法を見定める能力が求められます。言葉を換えれば、イノベーションを起こす人材が渇望されているのです。イノベーションを起こすことは一個人だけで

は困難ですから、多様な分野の専門家の協力が不可欠となり、ネットワーク形成力や交渉力がチームとしての協調の鍵となります。もちろん、チームは、同じような経験を共有するのではなく、多様な経験をもった人たちで構成しなければならないことは当然です。このような能力は、知識伝達型の教育や暗記型の学習だけでは達成できません。基礎的な学力等を前提として、さまざまな知識・技能が求められることになります（コラム1-3）。

> **コラム 1-3**
>
> これからの**知識社会**が必要としているのは、**多様性、創造性、個性**そして**能動性**に富む人材である。

社会は、今後の変化に対応するための基礎的な力と将来を見据えて活路を見出す原動力となる人材を切望しています。高等教育で養成される人材に対して、社会が期待をもっている理由はここにあります。そこでの学習が、これからの時代をリードし、個人として発展する基礎となるか否かは、社会にとってきわめて切実な問題です。高等教育に求められることは、このような知識社会に貢献する人材、すなわち知識・技能の豊かな「知的エリート」を育てることです。そして、多様な知的エリートが、知識社会の発展に貢献し、社会の財産となるのです。

第3節　日本の職業教育を担う高等教育機関：専門学校

　日本の高等教育機関は、図1-1に示した複数のセクターからなります。専修学校には、高等学校卒業程度を入学資格とする専門課程（専門学校）と中学校卒業を入学要件とする高等課程（高等専修学校）（図1-1には示していません。）および入学要件のない一般課程の三つの課程があります。専門学校は、大学や短期大学と同じように高等学校卒業以上の人を対象とした高等教育機関で、わが国の職業教育を支える存在です。高等学校新規卒業者はもちろん、大学の卒業者や社会人経験者など、年齢やキャリアの多彩な人々のニーズに応える教育を行っています。

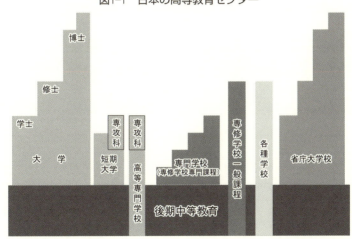

図1-1　日本の高等教育セクター

　学校教育法第124条によって規定される専門学校は、都道府県知事の認可により設置されています。専門学校の就業年限は、主に1年から4年で、最も多いのは2年制の学科です。しかし、より深い専門分野を学びたいという

要請や国家資格の取得要件等に応えるために、3年制や4年制の学科も増えています。また、転職を目的とした既卒者や社会人を対象として短期間で学べる1年制学科の需要にも応えています。

1. 知識社会に見直される専門学校

　平成に入って以降、上昇を続けてきた大学進学率は、2010年に47.8%をピークとして、その後停滞傾向にあります。目的をもたないままに大学進学を選択する学生が増えたことで、大学生の学力低下や中退者の増加、あるいは進路が決まらないまま卒業する者の増加などが問題化してきました。一方、専門学校への進学率は、2009年以降、上昇傾向にあります（図1-2）。2013年度（平成25年度）の学校基本調査によると、専門課程を設置する専修学校は2,811校で、約58万7千人が在籍しています。専門学校への新規高校卒業者の進学率は17.0%で、高校の過年度卒業生も入れれば高校卒業者の約四分の一が専門学校教育を受けていることになります。この数字は、あくまでも全国の専門学校の数字であり、県単位でみると、高校卒業生で当該県内に進学する者のうち約4割が専門学校に進学している県もあります。

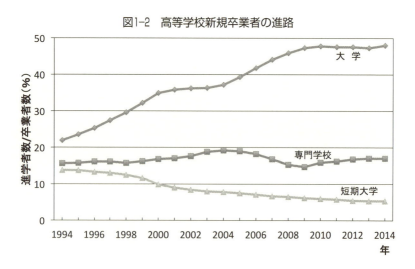

図1-2　高等学校新規卒業者の進路

大学、短期大学、専門学校の新規卒業者の卒業者に占める就職者の割合を比較すると専門学校の特色がみえてきます（図1-3）。大学や短期大学の就職率が、その時の景気や経済状況の影響を受けて激しく変動しているのに対して、専門学校のそれは、比較的安定しています。いわゆるバブル期（1991年頃）には、大学、短期大学、専門学校ともに就職率は80％を超えていましたが、バブル経済に翳りが見え始めた1993年頃から2000年までに、大学、短期大学の就職率は大きく落ち込みました（約25％）。さらに、社会景気が大きく落ち込んだ2010年には、大学は7.6％下がりました。2013年には社会情勢を反映して大学、短期大学、専門学校とも就職率は上昇しましたが、専門学校と大学の間には大きな差が存在します。バブル崩壊とともに産業社会から知識社会への転換が進み、景気が回復したとしても、「学歴、年齢、国籍に関係なく、本当に使える人材を厳選採用する」というのが、多くの企業の基本姿勢です。また、採用後も人事評価システムなどを導入して、学歴よりも能力が問われる時代になっています。すなわち、「どこの大学、学校を出たか」ではなく、「何を学んだか」「何ができるのか」が重要なポイントとなっています。

図1-3　新規卒業者の就職率の推移

専門学校が就職に強いといわれるのは、全体的な就職率の高さだけではありません。就職した人たちのうち「関連分野の仕事に就いた者の割合」（文部科学省「学校基本調査」）は多くの分野で9割以上であり、専門学校教育の学修成果を表しています。

大学や短期大学を卒業後に専門学校に入学する学生の数は、例年2万人程度です（表1-4）。この数字の中には社会人を経験したのちに入学した人も含まれていますが、専門学校在籍者全体の1割近くを占めています。この入学者数は、大学卒業者の就職が厳しい年ほど増える傾向にありますが、その多くは、就職に向けた「資格取得」や「専門的な技能・知識の修得」を目的としています。なかには、「大学の就活で自分を見失ってしまった」「希望の内定が取れずに大学卒業後アルバイトをしていた」「本当は高校から専門学校に行きたかったが、周囲に説得されて、とりあえず大学に行った」という学生もいます。

表1-4　大学等を卒業後に専門学校に入学した人数の推移

年	入学者のうち大学等を卒業した人数（人）	入学者に占める割合（％）	年	入学者のうち大学等を卒業した人数（人）	入学者に占める割合（％）
2001	25,028	8.0	2008	19,855	7.8
2002	25,971	8.0	2009	20,558	8.3
2003	25,902	7.7	2010	24,861	9.3
2004	26,274	7.6	2011	23,111	8.8
2005	24,749	7.6	2012	22,001	8.3
2006	22,479	7.5	2013	20,589	7.6
2007	20,798	7.4	2014	19,127	7.2

資料：文部科学省「学校基本調査」

知識社会が進展し、職業の多様化が進むなかで、大学が専門学校との境界へ歩みだしているといえます[10]。とくに、医療関係（看護師、歯科衛生士、臨床検査技師などの養成）や教育・社会福祉関係（保育士、介護福祉士など

の養成）などの分野では、取得できる資格や卒業（修了）後に就職する職種に関して、大学と専門学校との違いはほとんどありません。その結果、両者の間に学生獲得をめぐる競合関係が生じており、とくに学力中位層を中心に、4年制大学の有意性は絶対的なものではなくなっています。要するに、学歴と実務的スキルのバランスをどのように考えるかが、大学進学を選ぶか否かの分岐点になっていると思われます。

2．世界は日本の職業教育に注目している

わが国の専門学校は、職業教育を担っている高等教育機関として、国際的にも注目されています。専門学校全体の外国人留学生数は、2014年5月1日現在29,227人（全留学生の15.8％）です[11]。

さらに、個別の専門学校を見ると、国際的に注目され、国外から連携の動きがある専門学校（分野）も多数ありますので、一例を紹介します。学校法人メイ・ウシヤマ学園は、ハリウッドビューティ専門学校とハリウッド大学院大学（ビューティビジネス専門職大学院）を設置しています。2015年5月現在、ハリウッドビューティ専門学校の外国人留学生数は、9カ国・地域から130名（全学生数の13％）、ハリウッド大学院大学のそれは、6カ国・地域39名（全学生数の80％）です。ほとんどアジア地域からの留学生で、中国からの留学生が約半数ですが、最近ベトナムからの留学生が増加傾向にあります。

学校法人メイ・ウシヤマ学園の外国人留学生の卒業生・修了生数は、2007年から2012年までの6年間で累計764名となっています。国際交流センターが設置されており、就職支援のみならず創業支援も実施しています（表1-5）。この結果、日本や母国で就職あるいは創業して、ビューティサロンのオーナー、サロンチェーンのマネジャー、大学教授などで活躍しています。

表1-5　メイ・ウシヤマ学園が実施している外国人留学生の支援事業

就　職　支　援	創　業　支　援
1．免許・資格への特別指導（日本・母国） 2．日本マナー教育・面接指導 3．日系企業、現地企業、就職交流会 4．在日アジア留学生会支援 5．在日留学生と帰国留学生OBとの交流会	1．日本での創業支援・投資経営 　1）会社設立、資金調達、在留ビザ 　2）パイロットサロンの提供 2．海外での創業支援 　1）現地の美容協会・学校への紹介 　2）本校出身留学生への紹介 　3）創業のための経営指導

　海外提携校（4カ国・地域、18校）、海外研修実施校・機関（8カ国・地域、40校・機関）からなる海外ネットワークが構築されています。このネットワークをつうじて長期・短期の海外研修、インターンシップ、セミナー、公開講座などが実施されています。

　世界的に権威のある美容家協会（ICD）より、2011年ベスト・ワールド・アカデミーを受賞しました。この賞は、国際的にとくに優れた美容学校に授与されるものであり、当時としてはアジアでは初の快挙でした。これは、ハリウッドビューティ専門学校の教育活動が国際的に高く評価されたものです。

《注》
(1) 小熊英二『社会を変えるには』講談社現代新書、2012年、pp. 15-16
(2) ポスト産業社会として、ケルンサミット（1999年）では、「知識基盤社会（Knowledge-based Society）」という言葉が使われました。本書では、「産業社会」との対比を考慮して、「知識社会（Knowledge Society）」を使用します。
(3) 欧米では、Teaching and Learningという言葉が通常使われ、Education（教育）は、TeachingとLearningから成り立っていると考えています。本来であれば、教授（Teaching）と学習（Learning）という和訳をすべきかもしれませんが、わが国では、一般的に「Teaching」も「教育」と訳していますので、本章でも、これに準じます。
(4) 中央教育審議会（2008）「学士課程教育の構築に向けて（答申）」文部科学省ウェブサイト　http://www.mext.go.jp/b_menu/shingi/chukyo/chukyo0/

(5) 中央教育審議会（2012）「新たな未来を築くための大学教育の質的転換に向けて～生涯学び続け、主体的に考える力を育成する大学へ～（答申）」文部科学省ウェブサイト　http://www.mext.go.jp/b_menu/shingi/chukyo/chukyo0/toushin/1325047.htm（アクセス日：2015年11月1日）
(6) 中央教育審議会（2013）「第2期教育振興基本計画について（答申）」文部科学省ウェブサイト　http://www.mext.go.jp/b_menu/shingi/chukyo/chukyo0/toushin/1334377.htm（アクセス日：2015年11月1日）
(7) 大学機関別認証評価　大学評価基準　独立行政法人大学評価・学位授与機構ウェブサイト　http://www.niad.ac.jp/n_hyouka/daigaku/__icsFiles/afieldfile/2014/05/21/no6_1_1daigaku2kijun27.pdf　p.13（アクセス日：2015年11月1日）
(8) 独立行政法人大学評価・学位授与機構編著『大学評価文化の定着―日本の大学は世界で通用するか？』大学評価・学位授与機構大学評価シリーズ、ぎょうせい、2014年、pp.27-30
(9) 厚生労働省「能力開発基本調査：結果の概要」（平成21年度）　http://www.mhlw.go.jp/toukei/list/dl/104-21b.pdf（アクセス日：2015年11月1日）
(10) 濱中義隆「多様化する学生と大学教育」『大学シリーズ2　大衆化する大学―学生の多様化をどうみるか』岩波書店、2013年、pp.47-74
(11) 平成26年度外国人留学生在籍状況調査「高等教育機関における外国人留学生受入状況」（平成26年5月1日現在）独立行政法人日本学生支援機構ウェブサイト　http://www.jasso.go.jp/statistics/intl_student/data14.html（アクセス日：2015年11月1日）

第2章

評価は、目的ではなく、手段である！

　高等教育評価の目的は、教育を中心とした諸活動の質の向上と保証です。すなわち、諸活動の質の改善・向上に資すること、および諸活動に関する社会的説明責任を果たすことの二つが目的です。したがって、「評価自体が目的化」することは、厳に避けなければなりません。

　筆者は、日本で大学評価を開始するにあたって、「評価文化」という概念を提案しました。言葉は、理解を深めるとともに、人間の意識を変えるためにも大切なものです。新しい方向に物事を変えようとするとき、具体的な仕組みを提案することはもちろん必要ですが、同時に、新しい仕組みを発想して、それを受け入れていくための意識の変革も求められます。「評価文化」という言葉には、このメッセージ性が込められていました。

　幸い、この言葉が広く普及し、評価が大学等に根づいたことは明らかです。しかし、「評価は、手段であり、目的ではない」という上記の趣旨を理解いただくために、「質保証文化(Quality Assurance Culture, QA Culture)」という言葉を新たに提案したいと思います（コラム1-4）。高等教育に求められているのは、「質保証文化」を醸成することです。

コラム 1-4
「評価文化」から「質保証文化」へ

　第三者質保証機関が果たさなければならない社会的説明責任の主なものは、高等教育機関が実施している諸活動の質の現状分析と保証です。現在、教育機関は多くの情報を社会に向けて積極的に発信しています。しかし、機関自身が発信する情報だけでなく、第三者質保証機関による評価結果も不可欠な情報であることが国際的にも広く認識されています。

最も危惧されることは、きめ細かな教育評価に基づかないまま、数量的データのみを利用することによるランキング重視や効率化万能主義の考え方に沿って、評価が実施されることでしょう。高等教育にとって重要なことは、評価の目的を十分理解したうえで、真摯な評価を実施することにより、いろいろな方策によって他律的に強制されない自律性を取り戻すことです。このような状況になってこそ、高等教育機関が新しい「知」の創造、継承、発展に貢献することができるのです。

第1節　質保証・質向上のための評価

試行的大学評価が開始された当時（2000年）は、「質」あるいは「質保証」という概念は一般的ではありませんでした。因みに、試行的大学評価（2000～2003年）の目的は、つぎのように記述されていました。
・教育活動、研究活動、社会貢献活動など大学等の行う諸活動について多面的な評価を行い、評価結果を各大学等にフィードバックすることにより、各大学等の教育研究活動の改善に役立てる。
・大学等の諸活動の状況を多面的に明らかにし、それを社会に分かりやすく示すことにより公共的な機関として大学等が設置・運営されていることについて、広く国民の理解と支持が得られるよう支援・促進していく。

これらの文章には、「質」という言葉は登場していません。「質」あるいは「質保証」という言葉は、ヨーロッパの大学評価で最初に使われて始めて、わが国では、認証評価から登場しました（2004年）。大学機関別認証評価では、その目的は、以下のように記述されています。
・大学評価・学位授与機構が定める大学評価基準に基づいて、大学を定期的に評価することにより、大学の教育研究活動等の質を保証する。
・評価結果を各大学にフィードバックすることにより、各大学の教育研究活動等の改善に役立てる。
・大学の教育研究活動等の状況を明らかにし、それを社会に分かりやすく示

すことにより、公共的な機関として大学が設置・運営されていることについて、広く国民の理解と支持が得られるよう支援・促進する。

1．「質」とは？

「質」あるいは「質保証」という言葉は、いまでは頻繁に使われ議論されていますが、その定義は曖昧なまま使われている傾向があります。定義が曖昧なまま議論が進むのは、いかにも日本的といってしまえば、そのとおりかもしれませんが、国際的な通用性や透明性が重要テーマになっている状況では、明確に定義しておくことが不可欠です。

『我が国の高等教育の将来像（答申）平成17年1月28日』[1]（以下「将来像答申」と略します。）では、次のように定義されています。

<u>保証されるべき</u>「高等教育の質」とは、教育課程の内容・<u>水準</u>、学生の質、教員の<u>質</u>、研究者の<u>質</u>、教育・研究環境の整備状況、管理運営方式等の総体をさすものと考えられる。したがって、高等教育の<u>質</u>の保証は、行政機関による設置審査や認証評価機関による評価のみならず、カリキュラムの策定、入学者選抜、教員や研究者の養成・処遇、各種の公的支援、教育・研究活動や組織・財務運営の状況に関する情報開示等の<u>すべての活動</u>を通して実現されるべきものである。

これらは、質そのものを定義したものではなく、その領域、観点あるいは次元などを記述したものです。さらに大部分がインプットとアクション（プロセスともいいます）で、一部アウトプットに関するものを含みますが、成果（アウトカムズ）に関する記述はみられません（表1-6）。将来像答申の当時は、「教育パラダイム」の時代であり、「学習パラダイム」あるいは「学修成果を中心とした教育」という考え方が必ずしも十分には浸透していませんでしたので、インプットやアクションが中心となったことは避けがたいことだったかもしれません。

表1-6 次元の異なる質保証対象

対　　象	具　体　的　内　容
インプット（投入）	教育活動等を実施するために投入された財政的、人的、物的資源をさす。
アクション（活動）	教育活動等を実施するためのプロセスをさす。計画に基づいてインプットを動員して特定のアウトプットを産み出すために行われる行動や作業をさす。
アウトプット（結果）	インプットおよびアクションによって、学校（組織内）で産み出される結果をさす。一般的には数量的な結果を示すことが多い。
アウトカムズ（成果）	諸活動の対象者に対する効果や影響も含めた結果をさす。学生が実際に達成した内容、最終的に身につけたもの（能力、知識、技能、態度など）。

　しかし、現在では、高等教育については、職業資格や学位（学生の学修成果）の質が最も重要な要素となっています（図1-4）。職業資格や学位は学生が習得した知識や能力の証明ですから、保証すべき「質」の最重要事項は「職業資格の質保証」あるいは「学位の質保証」ということになります。

　教育の質保証の責任は、第一義的には学校自身にあります（コラム1-5）。同時に、教育内容や方法を創造的に進化・発展させて、継続的に質の向上を進めていくことが不可欠です（質リテラシー、コラム1-6）。高等教育機関の質リテラシーには、二つの側面があることを認識することが肝要です。

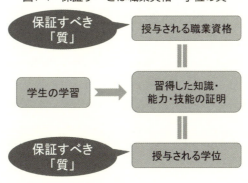

図1-4　保証すべきは職業資格・学位の質

> **コラム 1-5**
>
> 教育の質保証の責任は、**第一義的には学校自身**にある。
> 1）各教育プログラムを提供する**教員や学校自らが、その質を保証する責任**。
> 2）学校が、そこで提供する**教育プログラム全体の質保証を行う責任**。

> **コラム 1-6**
>
> **質リテラシー（quality literacy）**
> 学校は、恒常的な質の向上を図る**能力**を有することが求められ、次の二つの側面がある。
> **組織文化的側面**：質に関する価値・信念・期待・責務が組織内で共有されている（学校内の共通認識）。
> **組織運営的側面**：質を向上し、構成員の協働体制やプロセスを有する（学校内の運営組織）。

「リテラシー」という言葉の原義としては、「読み書き能力」を表していました。しかし、現在では、さまざまな領域・分野が、それぞれ専門化・高度化しており、各領域ごとのリテラシーがあると考えられています。したがって、「リテラシー」は、「ある分野で用いられている記述体系を理解・整理し、活用する能力」と定義されるでしょう。たとえば、「情報リテラシー」とは、「コンピューターなどの情報関連技術を習得して、情報社会において積極的に情報を活用する能力」と定義されています。このような世界の流れの中で、高等教育においては「質リテラシー」という概念を提唱しました。

2．「質保証」とは？

一般的に、質保証とは、ステークホルダー（利害関係者）に対して約束どおりの財やサービスが提供されていることを証明・説明する行為をさします。高等教育の質保証の場合には、コラム1-7に示した内容でしょう。

> **コラム 1-7**
>
> **高等教育の質保証とは、**
> ステークホルダー（利害関係者）に対して、**学校がめざす目標のもと、教育が適切な環境のもとで、一定の水準とプロセスで行われ、成果をあげている**ことを証明し、説明する行為をさす。

質保証（あるいは評価）には、①卓越性（高い水準の質）、②基準に対する適合性、③目的に対する適合性、④目標の達成度、⑤関係者の満足度の五つの異なった視点があります[2]。さらに、高等教育が投資の対象となってきており、「投資に見合う価値」としての質も、これから重要となる視点でしょう。ここでは、いくつかの論点から議論を深めたいと思います。

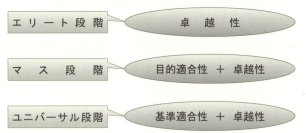

図1-5　高等教育の発展段階と保証すべき「質」の主な視点

質をどのように捉えるかという問題は、高等教育の発展段階[3]によって、質の捉え方が異なってきます（図1-5）。エリート段階では、当然ながら卓越

性(高い水準の質)が重要な視点となります。マス段階では、設置基準に適合していることが必要条件として求められたうえに、それぞれの学校の目的に照らして、その質を保証するものです。ユニバーサル段階では、社会のニーズに応えて育成しようとしている人材像に関して多様な学校が存在するわけですから、それぞれの種類の学校に求められる標準的な基準に適合していることが必要条件です。そのうえで、どのような水準にあるのかによって、それぞれの学校の質が示されなければなりません。ここでは、「基準」という言葉は、定められた仕様や期待を示しています。予め定められた基準に照らしてみれば、その組織の質が、どのような状況にあるかを推測することができます。高等教育分野では、専修学校設置基準や関係法令が定める基準等が定められており、これらに適合する学校の設置が認められるわけです。

　卓越性は伝統的な質の概念です。提供している物やサービスが非常に優れており、それを所有している人や利用している人にとって、ステータスとなるような質です。とくに、分野別評価では卓越性という要素が入ってくることは避けられません。もちろん同じ分野でも、養成しようとする人材像が異なれば両者を直接比べることはできないかもしれませんが、同じような目的や目標を掲げていれば当然両者を比較することができます。社会は、第三者評価にその判断を求めることになります。

　多少異なった論点からの議論もしておきます。どのような高等教育の「質」が保証されるべきかという問題では、以下の三つのレベルが想定されます。第一は、学校の設置認可時の遵守事項が守られていることです。しかし、設置認可事項が遵守されていることは最低条件であり、これだけで学校の質が保証されていると考えることはできません。第二は、学校が設定している使命や目的が達成されていること、第三は、社会が期待している教育・学修成果が認められることです。高等教育がユニバーサル段階に達して、多様化が進行しているなかで、すべての学校に一律に適用できる質のレベルを定めることは容易ではありません。しかし、第三の「社会の期待に応えること」を基本的な条件として、各学校が自らの特色・個性を活かして定めた使命・理

想像・目的を達成することが、学校の質保証と考えるべきでしょう。

第2節　説明責任を果たすための質保証

　質保証の目的は、教育機関にとっては、質の改善・向上に役立てることが肝要です。この目的と同時に、社会的な説明責任（アカウンタビリティー）を果たすことが強調されなければなりません。国の財政的支援に大部分を依存している国立大学や国立高等専門学校の場合は、納税者である国民に対して、説明責任が課せられることは当然です。それ以上に、21世紀社会を担う人材を育成する公共的教育を担う組織として高等教育機関は位置づけられていますから、教育機関の諸活動について社会の理解と支持を得ることは非常に重要となっています。

１．質保証情報を受信する関係者は誰か？

　社会に向かって、ただ漫然と情報発信をしているのでは意味がありません。情報を求めている関係者は誰かを意識する必要があります。高等教育を説明するとき、ステークホルダー（利害関係者）は非常に多様になります（表1-7）。学生やその家族、入学志願者やその家族、将来の雇用者、教職員、学校経営者などが教育に関する主な関係者と考えられます。また、高等教育政策が重要視されてきている現状では、政策策定者も関係者の一人となります。これらの関係者が考える「教育の質」は、当然ながら、それぞれ異なる

表1-7　高等教育のステークホルダー（利害関係者）

- 学生やその保護者
- 志願者やその保護者
- 卒業生・修了生およびそれらの雇用者
- 教職員や学校経営者
- 政策策定者、行政担当者、納税者
- 地域や住民、学界関係者
- 債権者、納入業者、篤志家など

ことになります。教育機関の質を議論するときに、たとえば学生は、用意されている施設・設備や、将来の就職に教育がどのくらい有用かということでしょう。学生の保護者は、自分の子供が達成する学力や就職先などでしょう。雇用者は、その教育機関の卒業生（修了生）の能力や適性でしょう。教職員は、授業や学習のプロセスに注意を向けるでしょう。学校経営者は、教育機関としての成果や費用対効果を重要視するでしょう。政策策定者は、政策の有効性に目を向けるでしょう。

2．説明責任の内容は何か？

　ここでは、一体「何を説明する責任が教育機関に課せられているのであろうか」という問いについて議論したいと思います。上記のように、それぞれの関係者は異なった観点から質を定義しますから、単一の概念で質を語ることは不可能のようにも見えますが、最重要事項は、「教育を受けることによって、どのような技能・能力が習得できるか」あるいは「卒業あるいは修了した時点で、どのような付加価値がえられるか」でしょう。すなわち、在学生、これから高等教育を受けようとしている人々、それらの家族にとって、もっとも重要な関心事は、当該教育機関で期待できる学修成果でしょう。また、卒業生（修了生）の雇用者の最大の関心事も、「教育の結果どのような技能・能力を備えた人材が育成されているのだろうか」という問いかけでしょう。したがって、説明責任の中心は、当該機関では、どのような学修成果が期待でき、実際にどれだけ実現しているのかということになります（コラム1-8）。

> **コラム 1-8**
> 学校での学習によって
> **期待できる成果**と、実際にそれが**どの程度実現**しているかを示そう。

　もちろん、財務面での質を問う関係者もいるはずです。一般企業において「アカウンタビリティ」といえば、会計上の説明責任が思い浮かびます。国

立大学には、法人化後、財務諸表の公開などによって財務状況に関する説明責任が課せられていますし、私立大学でも財務諸表の公開が求められています。もちろん、教育を推進するためには、財務状況が良好でなければならないことは当然ですが、通常の大学は営利を目的としている組織ではありません。国立大学についても、独立採算を前提とするのではなく、公的な支援に大きく依存しているのが、制度的な枠組みです。必要なことは、費用対効果を高めることであり、税金の無駄遣いを避けることです。大学は営利企業ではありませんから、費用対効果の「効果」や税金の「無駄遣いではない」ということを、財務諸表だけで示すことは不可能です。社会に対する説明の主要な部分は、財務状況ではなく、大学の本来の目的である教育の質や成果でなければなりません。

このような観点から、財務面のみならず、高等教育機関が実施しているすべての活動を社会に対して公開し説明する責任が生じることになります。教育機関に期待されている活動は教育ですから、究極的には、教育の質と、その改善への努力や成果が説明すべき最重要項目となります。このように考えていくと、改善のための評価が第一義的に重要であるという視点が理解できるはずです。

第3節　事前規制と事後チェック

日本の高等教育の質保証は、事前規制と事後チェックから成り立っています。日本の学校は、教育基本法に「法律に定める学校は、公の性質を有するもの」（第6条第1項前段）と規定されているように、公共性を有していることから、設置者が限られており（国、地方公共団体、学校法人）[4]、学校を設置する場合には、認可が必要です。一方、設置後の質保証については、学校自身による自己点検・評価、第三者評価など、事後チェックのシステムが導入されています。

諸外国においても、設置認可と設置後の第三者評価とを組み合わせること

が一般的になっていますが、両者の関係（基準、方法、内容、歴史など）は国によって異なります。日本では、設置認可制度の歴史が古く、制度が導入されたのは第二次世界大戦直後でしたが、第三者評価が導入されたのは2003年でした。アメリカ合衆国では、「事後チェック」に重点をおき、アクレディテーションについて長い歴史をもち、その文化が普及しています。

1．設置認可制度：事前規制

　専門学校は、学校教育法の第１条に定める「学校」には入っていません（巻末資料、p. 172）。このことが行政の関与を最小限にとどめ、設置基準が緩やかで、結果として社会の変化に即応した職業教育が実施できたといえるかもしれません。学校教育法第124条によって規定される専門学校は、都道府県知事により設置されています。このため、教育の質にバラツキがある、経営的な安定性に欠ける、正確な情報が伝わってこない、などといわれてきたことも事実です。

　旧来から日本の大学の質は、設置認可と入学試験によって保たれてきたといえます。ここでは、大学の設置認可制度の概略を説明しますが、詳細は大学評価・学位授与機構発行の資料をご参照ください[5,6]。学習者の保護および国際的に通用する学位を授与する機関として相応しい「大学の質」を国が保証することを目的として、大学院（研究科）、大学（学部）、短期大学（学科）あるいは高等専門学校（学科）（以下「大学等」とよびます。）を新設する場合等には、一定の基準に適合するかどうかについて審査のうえ認可しています。文部科学大臣は、大学等の新設の申請を受けて、大学設置・学校法人審議会に設置の可否について諮問します。この審議会は、大学設置基準等に基づく審査を行ったうえで文部科学大臣に答申を行い、最終的に文部科学大臣が設置認可を行います（図1-6）。とくに、教学面については、大学を設置するために必要な最低の基準である「大学設置基準」等に基づき審査を行います。各大学の教育水準の維持・向上および主体的な改善・充実に資することを目的として、設置認可後から最初の卒業生が出るまでの期間、当該認

可時における留意事項、授業科目の開設状況、教員組織の整備状況、その他の設置計画の履行状況について報告を求め、書面、面接または実地により調査を行います（設置計画履行状況等調査：アフターケア）。

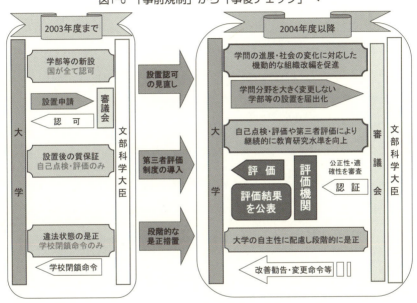

図1-6 「事前規制」から「事後チェック」へ

このように、大学における教育研究の質保証は、もっぱら事前規制、すなわち大学や学部を設置する際の「設置審査」という形で行われていました。この事前規制方式が半世紀にわたって続いたわけですが、この間にも規制緩和の流れの中で、大学設置に関する抑制方針の撤廃などにより、設置はかなり容易になっていました。学科（課程）などの設置については、多くは届出で済むようになり、準則主義へと移行しました。つまり、予め法令に規定されている要件を満たせば届出で済むようになりました。これは、新しい学科（課程）などの設置については、既存の学部などが十分に判断能力を有し、

内部審査が適切に行われているという前提に立っているわけです。このように、大学が個性豊かで多様な発展をしていくためには、学問の進展や社会の変化に対応した組織づくりが柔軟に行えるように、文部科学省では設置基準や審査手続きの弾力化を逐次実施してきました。しかし、「事前規制」から「事後チェック」に大きく舵が切られたのが、1991年の大学設置基準の大綱化です（第一部第3章第1節、p. 37および第三部第1章第1節、p. 127）。

2．自己点検・評価と認証評価制度：事後チェック

「評価」という言葉が制度的に登場したのが、この大綱化からです。すなわち、設置基準によって大学として満たすべき要件を厳しく規定していたものを、この要件を弾力化するカウンターパートとして、大学自身による「自己評価」機能を強化することを求めたわけです。これは、それまでの「事前規制」による質保証を「評価」という「事後チェック」に重点を移そうとする発想であり、個性的でかつ多様な高等教育機関の発展を期待した制度です。当然ながら、「大学としての水準の確保」と「個性豊かで多様な大学」とのバランスが問われることになりました。

第三者評価による大学の質保証が明確に打ち出されたのが認証評価制度です（図1-6）。この制度によって、すべての国公私立大学、短期大学、高等専門学校は、定期的に文部科学大臣の認証を受けた評価機関（認証評価機関）による評価（認証評価）を受けることが義務化されました（2004年4月施行、学校教育法第109条第2項および第3項）。

認証評価制度の運用が始まった当初は、「事前規制から事後チェックへ」というキャッチフレーズが掲げられたために事後チェックに注目が集まり、認証評価が「事前規制」に置き換わるという印象をもたれたようです。しかしながら、質保証という観点からは、認証評価だけでは不十分であることは明らかです。したがって、事前評価としての文部科学省による設置認可と評価機関による第三者評価を両輪とした、質保証システムが不可欠です（図1-7）。この事前と事後の両評価は、それぞれ適切な役割分担と協調を確保する

ことが肝要です。このような観点から、事前評価である設置認可制度については、自己評価も含めた質保証システム全体の中で位置づけを明確にし、的確に運用しなければなりません。事後評価である認証評価制度は、社会の負託に十分応えるように、さらに発展・充実させる必要があります。

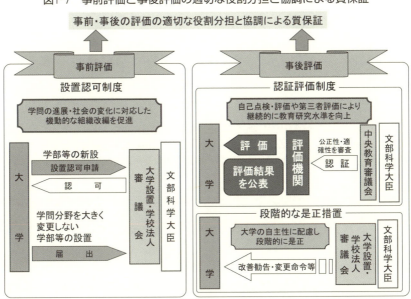

図1-7 事前評価と事後評価の適切な役割分担と協調による質保証

現行の認証評価制度では、評価機関は大学の主体的な改善を促す役割を期待されており、学校教育法や大学設置基準の不適合状態を是正させる権限はありません。この点、設置認可制度とは基本的に性格を異にしており、両者は代替的な関係にはありません。法令違反状態にある大学に対しては、文部科学大臣は段階的に措置を講じることはできますが、その間に入学し、在学した学生達が蒙った不利益を補償することは困難です。「質の悪い大学を選んだとしても、自己責任である」との主張がありますが、学生の立場を忘れ

た暴論といわざるをえません。「性能の悪いパソコンを買ったのは自己責任である」という話とはまったく別です。一般の受験生にとって、大学における教育サービスの質の良し悪しを入学前に評価することは難しく、かけがえのない青春の時間を空費させ、経済的な損失を与えることはあってはならないのです。学生個人の問題だけではなく、国全体の損失でもあります。「市場原理の下で、消費者の自由な選択と自己責任に委ねる」という考え方をそのまま教育に適用することは許されません。大学の国際的な通用性が重要視されるなかにあって、わが国の大学が信用を失墜するようなことになっては、一大事です。規制はすべて悪ではなく、必要な規制は適正に実施することが肝要です。

　「事後チェック」に重点をおくアメリカ合衆国では、アクレディテーションについて長い歴史をもち、その文化が普及しているにもかかわらず、ディグリー・ミルやディプロマ・ミルなどの不当な教育提供者の問題が、今もなお解決されておらず、社会問題になっています。

《注》
(1) 中央教育審議会（2005）「我が国の高等教育の将来像（答申）」文部科学省ウェブサイト　http://www.mext.go.jp/b_menu/shingi/chukyo/chukyo0/toushin/05013101.htm（アクセス日：2015年11月1日）
(2) 川口昭彦著（独立行政法人大学評価・学位授与機構編集）『大学評価文化の定着—大学が知の創造・継承基地となるために』大学評価・学位授与機構大学評価シリーズ、ぎょうせい、2009年、pp. 31-34
(3) 川口昭彦著（独立行政法人大学評価・学位授与機構編集）『大学評価文化の定着—大学が知の創造・継承基地となるために』大学評価・学位授与機構大学評価シリーズ、ぎょうせい、2009年、pp. 12-13
(4) 構造改革特別区域法により、特例的に、株式会社も学校を設置できるようになっています。
(5) 高等教育分野における質保証システムの概要　日本　第2版（2014）pp. 15-17　大学評価・学位授与機構ウェブサイト　http://www.niad.ac.jp/english/

overview_jp_j_ver2.pdf（アクセス日：2015年11月1日）
(6) 独立行政法人大学評価・学位授与機構編著『大学評価文化の展開―高等教育の評価と質保証』大学評価・学位授与機構大学評価シリーズ、ぎょうせい、2007年、pp. 15-26

第3章

職業教育改革

　第二次世界大戦（太平洋戦争）までのわが国の高等教育機関は量的には小規模でしたが、それぞれ独自の個性を発揮していました。このように多様な戦前の高等教育機関は、1947年（昭和22年）に制定された学校教育法によって装いを新たにされ、代って、6・3・3・4制の単線型の学校制度が導入されました。これによって、戦前の高等教育機関は、「新制大学」に一元化されました。その後、高等教育は、世界的にも例を見ないような速いスピードで量的拡大を果たし、いわゆる「ユニバーサル段階」に突入し、多様化・個性化を図ることが強く要請されるようになりました。

　新制大学は、産業社会の発展に大いに貢献しました。第1章第1節（p.3）で分析しましたように、産業社会では比較的「同一性、標準性」が求められる傾向がありました。しかし、産業社会から知識社会への転換とともに、「多様性」が社会の発展のために重要であることが強調されるようになりました（コラム1-9）。

コラム 1-9

21世紀の**知識社会**では、**多様性**なくして、**卓越性**は産まれない。

　最近、社会や企業のニーズと大学が育てる人材にギャップがあるといわれてきました。また、高等教育には、「よき職業人」あるいは「よき市民」を育てることが求められています。このため、わが国の職業教育の改革と、複線型の学校制度への変革が急務となってきました。複線型への学校制度の変革は、高等専門学校制度の導入（1962年）や専門職大学院の創設（2003年）などもきっかけではありましたが、本章でまとめる職業実践専門課程の創設（第2節）と実践的な職業教育を行う高等教育機関の制度化（第3節）が、

国際社会におけるわが国の存在感を高めるための重要課題です。これらの課題を議論する前提として、第1節では、日本の高等教育の歴史と質保証について概略をまとめます。

第1節　日本の高等教育の歴史と質保証

　日本の高等教育の歩みの概略は、多様であった高等教育機関が、第二次世界大戦終戦後に6・3・3・4制の単線型学校制度の下でまとめられた後、今や職業教育の重要性から機能別分化・複線化が図られています。

　20世紀末頃からの国際的な流れとして、教育の第三者による質保証が求められるようになり、この対応が図られています。高等教育の分野に「質保証」という概念が導入されたのは、比較的最近のことです。製造業における製品管理を目的として始まった質保証が、時代とともに、サービス業に導入され（コラム1-1、p.5）、さらに教育分野にも広がってきました。今や、教育の質保証は、国際的にも、教育改革に不可欠な要素となっています。なお、ここでは紙面の関係で高等教育の歩みについて簡単に記述しますが、詳細は他書をご覧ください[1]。

1．新制大学の誕生前夜から発展まで

　1947年（昭和22年）当時は、旧制大学、旧制専門学校、旧制高等学校、高等師範学校、師範学校などがあり、さまざまな学校種に分かれていました。これらの高等教育機関への進学率は、合計でも2.2％（1920年時点）で、現在と比較すると量的規模は、きわめて小さかったといえます。しかしながら、たとえば、蚕糸専門学校、高等商業学校や高等工業学校のように専門分野ごとに分化していた専門学校のなかには、その分野の職業教育において全国的な拠点となっている学校もあり、個々の高等教育機関の個性は明確に打ち出されていました。

　高度な職業教育を行う学校である工業、商業、農業、蚕糸、畜産、鉱山な

どの専門学校（363校）のほか、高等師範学校、女子高等師範学校（主要任務は中学校、高等女学校、師範学校の教員養成）、師範学校（主要任務は小学校・国民学校の教員養成）、青年師範学校（主要任務は中学校や高等女学校の教育を受けない子女を対象とする青年学校の教員養成）、各種教員養成所などの教員養成諸学校（140校）などがありました。

　上記の諸大学・学校の学生生徒数は約47万6千人でした。これらに共通していたことは、原則として中等教育機関（中学校、高等女学校、および実業学校）の卒業者を入学させる機関だったということだけであり、それらの教育水準、内容、学校の歴史的系譜、社会的性格などは非常に多様でした。

　第二次世界大戦の敗戦から1年8ヵ月、1947（昭和22年）4月に学校教育法が成立しました。これにより、6・3・3・4制のいわゆる単線型の学校制度が導入されました。その結果、旧制大学、旧制高校、師範学校、専門学校など規模や役割が異なっていた多種多様な高等教育機関が、「新制大学」として4年制大学に一元化され、再編成されました。

　旧制から新制への切り替えが完了し、「新制大学」が制度的に定着したのは1953年（昭和28年）です。1950年から始まった朝鮮戦争がもたらした「特需景気」、その翌年のサンフランシスコ平和条約の締結によって占領体制が解かれて、日本全土に復興の気運がみなぎり、新制大学は安定的な発展の時期となりました。駅売りの弁当が販売されているところには大学があるとされ、地方都市の大学が「駅弁大学」などと揶揄されたのもこの頃です。

　大学と短期大学を合計した学校数は、1955年まで急増し、その速度はいったん遅くなりましたが、60年代後半にまた急増し、70年以後は漸増を続けながら、2001年にピーク（1,228校）となりました。進学率については、1960年頃までは10％程度でしたが、60年代にあがり始め75年には約38％に達しました。その後、90年までの15年間は停滞期でしたが、90年代になると再びあがり始めて、2005年には50％を超えました。そして、高等専門学校と専修学校を含めた高等教育機関への進学率は、すでに75％を超えています。

2．単線型高等教育体系の多様化と専門職高等教育（職業教育）の進化

単線型教育体系のなかで、職業教育を含む幅広い機能が大学に期待され、その期待に応えるために高等教育改革が進められました。表1-8に示す社会的背景と教育改革の関連事項を比較すると、第二次世界大戦後のいわゆる単線型に整理された高等教育体系が、年を追うごとに多様化していく様子が窺えます。

表1-8　第二次世界大戦後の教育改革と社会的背景

年　代	社会的背景	主な教育改革と関連事項
1945年頃～ 1952年頃	占領下における教育の民主化 機会均等の理念	憲法、教育基本法の制定（1947年） 単線型学校体系の導入（1947年）
1952年頃～ 1970年頃	産業経済の高度成長 教育の量的拡大に対応した制度	高等専門学校制度の創設（1962年） 短期大学の恒久化（1964年）
1970年頃～ 1985年頃	経済の安定成長 知識詰め込み型教育の弊害 受験戦争の激化、教育の質的改善 大学の新増設について抑制的対応	新構想大学の設置（1973年～） 専修学校制度の創設（1976年）
1985年頃～ 2000年頃	産業構造の変化 国際化・情報化の進展 個性重視 生涯学習体系への移行	大学設置基準の大綱化（1991年） 通信制大学院の創設（1998年） 専門大学院の創設（1999年）
2000年以後	知識社会、経済社会のグローバル化 行き過ぎた平等主義による教育の画一化 21世紀にふさわしい教育 豊かな人間性の育成	専門職大学院の創設（2003年） 認証評価制度の導入（2004年） 国立大学の法人化（2004年） 公立大学法人制度の創設（2004年） 株式会社立大学を認める構造改革特区（2004年） 学校法人制度の改善（2005年） 薬学教育6年制開始（2006年）

高等教育機関の制度的な種別化については、暫定的な短期大学制度の導入に始まり、新しいタイプの高等教育機関が創設されました。産業界の強い要請を受けて、工業・商船の分野（現在は経営、デザインの分野などもある）で中堅技術者養成を行うことを主たる使命とする5年制の高等専門学校が発足しました（1962年）。

1976年（昭和51年）には、修業年限1年以上、年間授業時間800時間以上の、保健・医療、保育、情報、外国語、服飾、秘書、料理などの専門分野で、専門職業教育を行う「専修学校」が創設されました。学校教育法のなかで専修学校は、「職業もしくは実際生活に必要な能力を育成し、または教養の向上を図る」ことを目的とする学校であるとされて、実践的な職業教育、専門的な技術教育を行う機関として、多岐にわたる分野でスペシャリストを育成しています。専修学校は、誕生以来40年を経て、わが国の職業教育を担う機関として進化してきました（表1-9）。

表1-9 専修学校進化の歴史

専修学校制度の成立（1976年）：1975年（昭和50年）に一部改正された学校教育法を受けて新しい学校種として誕生。
大学入学資格付与指定校（1986年）：3年制の専修学校高等課程のうち、修業年限が3年以上、総授業時間数が2,590時間（普通科目の総授業時間数が420時間）以上などの要件を満たす学科修了者に対して、大学入学資格を認める。これによって、専修学校高等課程が、高等学校と並ぶ正規の後期中等教育機関と位置づけられる。
多様な学校種との相互学習評価（1991年より）：大学等における専門学校教育の単位認定（1991年）、高校における専修学校教育の単位認定（1993年）、専修学校における大学等の学修の履修認定に係る範囲拡大（1999年）、専修学校が授業科目の履修とみなすことができる学習の範囲拡大（2012年）
称号「専門士」の創設（1995年）：修業年限が2年以上、卒業に必要な授業時間数が1,700時間以上、試験等によって成績評価を卒業認定を行っている専門課程の修了者に付与される。一部の国家試験の受験資格として認められる。
大学編入学（1999年）：所定の条件を満たした専門学校卒業生の大学編入学が認められる。ただし、受け入れの可否や応募資格は大学によって異なる。
称号「高度専門士」の誕生（2005年）：修業年限が4年以上、期間をつうじて体系的な教育課程を編成し、修了に必要な授業時間数が3,400時間以上などの要件を満たした専門課程の修了者に付与される。大学専攻科や大学院への入学資格も付与される。
通信制・単位制の制度化（2002年）：専修学校のすべての課程において、通信制度および単位制学科の設置が可能となる。

専修学校には、入学資格の違いによって、三つの課程があります(図1-8)。専門学校の2年制かつ総授業時間1,700時間の課程修了者には「専門士」の称号が付与され、短期大学卒業者と同等以上の学力があると認められ者として、大学への編入学の資格が与えられます（巻末資料、p.177）。4年制かつ総授業時間3,400時間以上の課程修了者には「高度専門士」という称号が付与され、大学卒業者と同等以上の学力があると認められる者として、大学院の入学資格が付与されます（巻末資料、p.178）。

図1-8　専修学校からみた他の学校種との関係

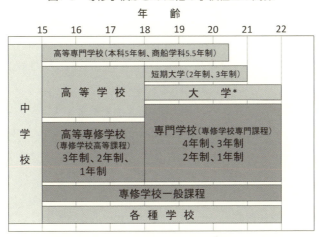

　この専修学校の数や学生数は、制度発足時は893校、10万人程度にすぎませんでしたが、2013年（平成25年）には、3,400校を超え、学生数は70万人近くに膨れ上がっています。このうち、専門学校は、2,800校を超え、わが国の職業教育を担う重要な高等教育機関となっています。専門学校は、"職業教育に強い"、"資格取得に有利"、"就職は万全"などといわれ、企業等との連携を図りつつ実践力のある人材を送り出してきました。とくに、国家資格取得を視野に入れている工業系、衛生系（栄養・調理、理容・美容）、医療系、教育・福祉系などにおいては、現場実習や演習などで企業や各種機

関・施設との関係が強くなっています。

　専門職大学院は、法科、教職など各分野のスペシャリストを養成する職業教育を実施する教育機関として創設されたものです（2003年）。専門職大学院については、それぞれの分野ごとの認証評価を受審することが義務づけられています。これは、専門学校の第三者評価を行う際のモデルとなるでしょう。

　1940年代後半からほぼ半世紀にわたって続いた体制の大きな転換点が、1991年に施行された大学設置基準の改正（いわゆる「大綱化」）です。この大綱化は、重要な意味をもっており、新制大学の大きな転機になりました。すなわち、当時まで、設置基準によって大学として満たすべき要件を厳しく規定していましたが、この要件を弾力化しました。そして、この弾力化のカウンターパートとして、大学自身による「自己評価」を求められたわけです。これらが、巷では、「護送船団から自由化」といわれたり、「事前規制から事後チェックへ」といわれている所以です（第2章第3節、p. 29）。

　この改正によって、各大学の創意工夫による柔軟なカリキュラム編成が可能となり、多くの大学で職業教育を視野に入れたカリキュラムの見直しが進みました。また、表1-8（p. 39）から理解できるように、高等専門学校から始まった多様化は職業教育の見直しともいえます。知識社会が進展すると同時に企業内教育機能が低下し、企業等で活動するうえでの高度な職業教育が、大学の人材養成機能に対する社会の期待につながったわけです。今まで職業教育を支えてきた専修学校についても、社会の要請に応えるために、職業実践専門課程の創設（第3章第2節、p. 46）と実践的な職業教育を行う高等教育機関の制度化（第3章第3節、p. 50）などの改革が急ピッチで進められています。

3．専修学校質保証の歩み

　高等教育の質保証に関する動向については、大学等に関してはすでに第2章第3節（p. 29）でまとめました。ここでは、専修学校について、今までの流れと今後の方向性について議論します。専門学校が国内外で注目される

ようになると、必然的に起こる問題は質保証です。内部質保証は、専門学校自身の努力により解決されなければなりません。それに加えて、外部質保証とくに第三者評価の体制整備が不可欠です。大学（大学院を含む）、専門職大学院、短期大学、高等専門学校については、認証評価が法律的にも義務づけられて、すでに実施され、それなりの成果をあげています。しかしながら、専門学校については、認証評価にあたる制度の整備が遅れています。諸外国の状況を見渡してみると、ほとんどの国で職業教育（vocational education）の第三者による質保証は実施されており、日本にとって喫緊の課題となっています。

　専修学校の学校評価と大学評価との歴史的経過を比較する（表1-10）と、両者は、年代の差はありますが、ほぼ同じように進行していることが明らかです。専修学校の評価（学校評価）を規定している法律[2,3]は、2007年（平成19年）6月に改正された学校教育法です（表1-11）。この学校教育法第42条の規定を受けて、同年10月に改正された学校教育法施行規則には、自己評価の実施・公表（第66条）、保護者など学校関係者による評価の実施・公表（第67条）、それらの評価結果の設置者への報告（第68条）について新たに規定され、専修学校に準用されました（表1-11）。

表1-10　専修学校の学校評価と大学評価の歴史的経過

専　修　学　校	大　　　　学
・自己点検評価および結果公表の努力義務（2002年） ・自己評価の実施、結果公表の義務化（2007年） ・学校関係者評価（保護者、地域住民等の学校関係者による評価）の努力義務（2007年） ・第三者評価の定義（学校評価ガイドライン、2010年改訂） ・学校関係者評価が「職業実践専門課程」の認定要件（2014年）	・大学設置基準の大綱化と大学自らによる自己点検・評価の努力義務（1991年） ・自己点検・評価の実施義務化、評価結果の公表義務化、外部評価の努力義務化（1998年） ・大学評価・学位授与機構の創設（2000年） ・学校教育法により認証評価（第三者評価）制度の導入（2003年）

表1-11 専修学校の学校評価に関する学校教育法・学校教育法施行規則の規定

○学校教育法（平成19年6月に改正）
第42条　小学校は、文部科学大臣の定めるところにより当該小学校の教育活動その他の学校運営の状況について評価を行い、その結果に基づき学校運営の改善を図るため必要な措置を講ずることにより、その教育水準の向上に努めなければならない。
第43条　小学校は、当該小学校に関する保護者及び地域住民その他の関係者の理解を深めるとともに、これらの者との連携及び協力の推進に資するため、当該小学校の教育活動その他の学校運営の状況に関する情報を積極的に提供するものとする。
※これらの規定は、幼稚園（第28条）、中学校（第49条）、高等学校（第62条）、中等教育学校（第70条）、特別支援学校（第82条）、専修学校（第133条）及び各種学校（第134条第2項）に、それぞれ準用する。

○学校教育法施行規則（上記の学校教育法第42条の規定を受けて、平成19年10月に改正）
第66条　小学校は、当該小学校の教育活動その他の学校運営の状況について、自ら評価を行い、その結果を公表するものとする。
2　前項の評価を行うに当たっては、小学校は、その実情に応じ、適切な項目を設定して行うものとする。
第67条　小学校は、前条第1項の規定による評価の結果を踏まえた当該小学校の児童の保護者その他の当該小学校の関係者（当該小学校の職員を除く。）による評価を行い、その結果を公表するよう努めるものとする。
第68条　小学校は、第66条第1項の規定による評価の結果及び前条の規定により評価を行つた場合はその結果を、当該小学校の設置者に報告するものとする。
※これらの規定は、幼稚園（第39条）、中学校（第79条）、高等学校（第104条）、中等教育学校（第113条）、特別支援学校（第135条）、専修学校（第189条）、各種学校（第190条）に、それぞれ準用する。

　専門学校における第三者評価は、法令等に規定はありませんでしたが、学校教育法および学校教育法施行規則の改正から6年経過した2013年（平成25年）3月、文部科学省は、専門学校も含めた専修学校における学校評価を促進させ、専修学校全体の質の保証・向上を図るため「専修学校における学校評価ガイドライン」を策定・公表しました[4]。このガイドラインのなかで、専修学校における第三者評価を「学校とその設置者が実施者となり、学校運営に関する外部の専門家を中心に、当該学校から独立した第三者により、自己評価や学校関係者評価の実施状況も踏まえつつ、教育活動その他の学校運営の状況について、第三者評価者が設定する評価基準に基づき、専門的・客観的視点から行う評価」（学校評価ガイドラインp.8）と定義しました。また、第三者評価の目的としては、「学校の優れた取組や今後の学校運営の課

題や改善の方向性を提示する。」(学校評価ガイドラインp. 17)としています。

専修学校の評価は、幼稚園、小学校、中学校、高等学校などの「学校評価」の規定が準用[2,3]されており、内容・方法についても参考としています。ここに問題点が主に二つあります。まず、第三者評価の定義が当該学校から独立した第三者による評価としている一方「学校とその設置者が実施者となり」との表現もありますが、「学校関係者評価」と「第三者評価」を明確に区別することが肝要です[5]。第二に、目的として「学校運営のあり方」が強調されていますが、大学評価では「学修成果」がもっとも重要な要素となっています。専門学校は、上述のように、国際的にも注目されてきており、評価に関しては、大学評価の内容・方法を参考にしつつ、専門学校の特性を生かした評価制度を構築することが妥当と思われます。

なお、2014年度（平成26年度）から文部科学省「職業実践専門課程等を通じた専修学校の質保証・向上の推進」事業の一環として、各分野において、職業実践専門課程の質保証・向上を推進するための学校評価制度の開発が進められ、2015年度には試行的第三者評価が実施されています。

第2節　職業実践専門課程の創設

　知識社会への転換とわが国の雇用環境の変化については、第1章（p.3）で言及しました。中央教育審議会は、「雇用・労働を巡る環境の変化、知識・技能や人材需要の高度化、職業の多様化等が進むなか、高等教育機関においては、職業教育をつうじて、自立した職業人を育成し、社会・職業へ円滑に移行させること、また、学生・生徒の多様な職業教育ニーズや様々な職業・業種の人材需要にこたえていくことが求められており、このような職業教育の重要性を踏まえた高等教育を展開していくことが必要」と指摘しています[6]。そのうえで、「現在の高等教育における職業教育の位置付けや課題、また実践的な知識・技能を有する人材の育成ニーズや高等教育機関が職業教育において果たす役割への期待の高まりを踏まえると、高等教育における職業教育を充実させるための方策の一つとして、職業実践的な教育のための新たな枠組みを整備すること」と提言しています。

　新たな枠組みは、実践的な知識・技術等を教授するための教員資格、教員組織、教育内容、教育方法等および、その質を担保する仕組みを具備することが要件となっています。この枠組みを制度化し、その振興を図るための方策として、第一が新たな学校種の制度を創設することであり、第二が新たな枠組みの趣旨を既存の高等教育機関において活かしていくことです。第一の方策については次節（p.50～53）で解説しますので、この節では第二の方策について記述します。

　第二の方策の検討は、文部科学省に設置された「専修学校の質の保証・向上に関する調査研究協力者会議」で進められました。協力者会議では、現在の専修学校における質保証・向上に係る取組に関する調査研究を行ったうえで、新たな枠組みの趣旨を活かしていく先導的試行として専修学校に係る事項を検討しました。この結果、高等教育段階の職業教育の充実を図る観点からの先導的試行として、専修学校の専門課程において新たな枠組みの趣旨を

活かしていくという結論に達しました。具体的には、企業等との密接な連携により、最新の実務の知識等を身につけるよう教育課程を編成し、より実践的な職業教育の質の確保に組織的に取り組む専門課程を文部科学大臣が「職業実践専門課程」として認定し、奨励する仕組みづくりを行うというものです。

1．職業実践専門課程の目的および認定要件

専門学校のうち、企業等と密接に連携して、最新の実務の知識・技術・技能を身につけさせる実践的な職業教育に取り組む学科（専門課程）を文部科学大臣が「職業実践専門課程」と認定します。この課程は、実践的な職業教育の水準の維持向上を図るとともに、生涯学習の振興に資することを目的としています（コラム1-10）[7]。

コラム 1-10

職業実践専門課程の目的
専修学校専門課程のうち、**企業その他関係機関との連携の下、当該課程の目的に応じた分野における実務に関する知識、技術および技能を教授**し、**職業に必要な実践的かつ専門的な能力を育成する**ことを目的とするものを「職業実践専門課程」として文部科学大臣が認定することにより、専門課程における実践的な**職業教育の水準の維持向上**を図り、もって**生涯学習の振興に資すること**。

「職業実践専門課程」の制度は、企業や業界団体等との連携による教育の実施および学校評価や情報提供による質の保証・向上を主な基軸としています。具体的には、表1-12に示す要件を満たす課程について、都道府県知事の推薦に基づいて、文部科学大臣が認定することになっています。平成25・26年度での２年間で、673校（全学校の23.9％）、2,042学科（全学科の25.0％）が認定されています。平成25年度に認定を受けた470校、1,365学科に対するアンケート調査結果によると、認定を受けた効果として、①学校経営の方針・方法や教職員の意識に変化がみられる、②就職先となりえる企業・業界

からの好意的な評価が現時点ですでにみられる、などのポジティブな影響が確認できています[8]。

表1-12　職業実践専門課程の認定要件

- 修業年限が2年以上。総授業時間が1,700単位時間以上または62単位以上
- 企業等との連携体制を確保して、授業科目の開設その他の教育課程の編成
- 企業等と連携して、実習、実技、実験または演習を実施
- 企業等と連携して、教員に対して、実務に関する研修を組織的に実施
- 学校の自己評価に加え、企業等と連携して、学校関係者評価と情報公開を実施

　学校教育法においては、専修学校の修業年限は、「1年以上であること。」（第124条）とされています。また、専修学校設置基準においては、単位制の専門学校の1年間の授業時数は、「30単位を下らないものとする。」（第20条）とされています。しかし、職業実践専門課程の修業年限および授業時数については、職業に必要な実践的かつ専門的な能力を育成する目的を達成するための学習量として求められるものです。この要件を満たすことによって、課程修了者は、大学編入学資格をえることが可能となります。

　社会・産業界のニーズを十分踏まえつつ実践的かつ専門的な職業教育を実施するために、企業や業界団体等と専門学校の教職員の参画する教育課程編成委員会を設置し、実務に必要となる知識、技術、技能などについて検討し、カリキュラム編成に生かしていくことが必要です。また、実習・演習等の授業については、企業等との協定書等を締結し、連携しながら授業内容の検討や授業の実施、成績評価などを行うことが求められます。

　教員の資質向上は重要なテーマです。実務に必要となる知識、技術、技能などを反映した教育活動を実践するために、企業等と連携して、実務に関する教員研修および授業の指導力等の教員研修を行うことが必要です。

　本書で何度も強調しましたように、教育活動その他の学校運営の状況について評価を行い、その結果に基づいて教育水準の向上に努めることが義務づけられています。学校による自己評価はもとより、企業等が学校関係者として評価に参画する「学校関係者評価」の実施およびその結果の公表を行うことが求められます。さらに、その結果を踏まえた学校運営の改善に取り組む

ことが認定要件となっています。学校関係者評価は、専修学校については「努力義務」ですが、認定を受けるためには、「実施義務」となっているわけです。学校関係者評価の実施にあたり、「専修学校における学校評価ガイドライン」[4]を参考にしてください。

また、「高等専修学校における情報提供等への取組に関するガイドライン」[9]を踏まえて、学校の概要、各学科等の教育、学生の生活支援、学校の財務などについてホームページで情報提供を行うことが求められています。認定校の情報提供については、上述の認定要件に加えて、文部科学省が定める様式をホームページで公開することが義務づけられています。これまで専門学校によっては、教員数やカリキュラムなどのほかにも、設置者などの基本情報すらホームページに掲載されていないという話も聞かれました。そこで、認定校がホームページで公開する様式については、学校の教員数、学生の定員数・実員数、就職率や中退率、カリキュラムの概要についても記載することになっています。

2．第三者質保証

専修学校の第三者評価については、2007年（平成19年）から、特定非営利活動法人私立専門学校等評価研究機構によって実施されています[10]。しかし、第三者評価が制度的に確立されていないために、受審校の数が限られているのが現状です。

職業実践専門課程の制度では、企業や業界団体等との連携に学校として組織的に取り組むとともに、学校評価や情報提供を行うことによって、質保証・向上を図ることを謳っています。認定校においては、最新の実務の動向や求められる人材像を教育活動に生かしていく仕組みを備えるとともに、法令上は努力義務にすぎない「学校関係者評価」も実施することで、質保証・向上に取り組んでいます。

これからの課題は、職業実践専門課程の第三者質保証システムの構築です。質保証のための第三者評価のあり方については、文部科学省「職業実践

専門課程の各認定要件等に関する先進的取組の推進」事業で進められています。この事業では、ファッション、情報・IT、ゲーム・CG、美容、介護福祉、理学・作業療法、自動車整備、柔道整復師養成の各分野のコンソーシアムごとに、それぞれの課題を整理し、評価基準や評価方法等を検討しています。そして、2015年度には試行的評価が実施されていますが、この詳細は、第二部第3章第2節（p.102～105）をご覧ください。

第3節　実践的な職業教育を行う高等教育機関の制度化

　教育再生実行会議は、『今後の学制等の在り方について（第五次提言）』[11]において、「社会・経済の変化に伴う人材需要に即応した質の高い職業人を育成するとともに、専門高校卒業者の進学機会や社会人の学び直しの機会の拡大に資するため、国は、実践的な職業教育を行う新たな高等教育機関を制度化する。これにより、学校教育において多様なキャリア形成を図ることができるようにし、高等教育における職業教育の体系を確立する。」と提言しています。

　これからの国際社会を背負う若者が自らの夢や志を考え、目的意識をもって実践的な職業能力を身につけることができるようにするために、職業教育については、産業構造の変化や技術革新等に対応して、充実を図ることが重要です。とくに、高等教育段階における職業教育については、社会的需要に応じた質の高い職業人を育成することが望まれています。既存の高等教育機関においても、さまざまな取組が行われてきてはいるものの、各機関の本来の目的や特性等から、各職業分野にわたる多様な人材需要に十分には対応したものになっていないという指摘もあります。

　このような課題に対して、社会経済の変化にともなう人材需要に即応した質の高い職業人を育成するとともに、専門高校卒業者の進学機会や社会人の学び直しの機会の拡大に資するために、文部科学省は「実践的な職業教育を行う高等教育機関の制度化に関する有識者会議」を開催しました。この有識

者会議は、2014年(平成26年)10月以来半年間に12回開催され、2015年3月に審議のまとめ(12)を公表しました。ここでは、この審議まとめの概略を説明します。今後、中央教育審議会において、この『審議会まとめ』に基づいて審議を行ったうえで、新しい職業教育を行う高等教育機関が法制化される予定です。

1．基本的な方向性と制度化にあたっての主要論点

新たな高等教育機関は、産業界と連携しつつ、どのような職業人にも求められる基本的な知識・能力とともに、実務経験に基づく最新の専門的・実践的な知識や技術を教育する機関とすることが適切です(コラム1-11)。新たな高等教育機関は、既存の大学等と比肩する高等教育機関として位置づけることが必要であり、国際的にも高等教育機関として認知されることが重要です。このためには、卒業者の学修成果に関する国際的・国内的な通用性を確保することが、きわめて重要な要素となります。このような観点から、新たな高等教育機関を大学体系に位置づけ、卒業者に求めるべき学修成果(ラーニング・アウトカムズ)の水準についての国際的議論を踏まえて、学位を授与する高等教育機関と位置づけることが、わが国の高等教育機関の多様化を推進する観点からも有益です。

コラム 1-11

新たな高等教育機関が備えるべき特色
・社会・経済の変化にともなう人材需要に即応できる仕組み
・質の高い職業人を育成できる仕組み
・企業等との連携した実践的な職業教育に重点をおいた仕組み
・高等学校卒業段階の若者は社会人に対する職業教育に対応
・教育の質を制度上担保し、社会的な評価がえられる

現行制度下の4年制大学や短期大学においても、すでに職業教育を実施している組織もあります。また、質の高い専門職業人養成の実績をもつ専門学

校も多数見られます。したがって、新たに設置されるもののみならず、このような大学や学校が、自らの主体的判断で、新たな高等教育機関に円滑に移行することが可能となる仕組みも必要でしょう。

新たな高等教育機関は、職業に従事するために必要な実践的知識や技術、能力等の育成をめざしているために、「教育」とくに「質の高い専門職業人養成のための教育」を主たる目的として位置づけることが適切です。すなわち、現行の大学の目的では、「教育」と並んで「研究」が掲げられていますが、新たな高等教育機関には「教育」に期待が高いと考えられます。しかしながら、産業界の最新の動向の把握や分析に関する研究、各職業分野に関する企業との作品の共同制作、実用化に向けた改良や応用的共同研究など、新たな高等教育機関の性格に適合する研究活動は重要です。新たな高等教育機関には、質の高い職業人を輩出することはもとより、これらの研究活動をつうじて、社会の発展に寄与することも期待されます。

有識者会議では、①教育内容・方法、②入学者受け入れ、編入学等、③修業年限、④学位・称号、⑤必要教員数、教員の資格要件、⑥施設・設備等、⑦質の保証システムなどについて議論されました。ここでは、本書のテーマである質保証について、その概略をまとめますが、その他の論点については、参考資料[12]をご覧ください。

2．質保証システムと情報公開

設置認可については、大学や短期大学とは別の実践的職業教育を行う新たに高等教育機関に相応しい設置基準を設定することが適当です。設置基準や設置認可の方法を検討する際には、人材需要の変容をはじめとする産業界・経済界等の変化に迅速に対応し、教育内容をニーズに機動的に対応させていく必要性の高いことに配慮する必要があります。設置者は、国・地方公共団体、学校法人として、設置認可は文部科学大臣が行うことが適切です。設置者となる学校法人に求められる要件は、既存の学位授与機関を設置する学校法人に求められている水準と同等の水準設定が必要です。

新たな高等教育機関が主体性をもって自己点検・評価を行うことは当然です。既存の大学（大学院を含む）、専門職大学院、短期大学および高等専門学校と同様に、第三者評価として文部科学大臣が認証する評価団体による認証評価を行うのが適当です。その際、機関別評価に加えて、質の高い職業教育が実施されていることを実質的に評価するために、各職業分野の専門性に応じた分野別評価を実施する必要もあるでしょう。

設置認可、自己点検・評価、第三者評価においては、学術研究を志向している大学とは異なり、職業分野の産業界関係者の積極的な協力を得ながら、教育の質を確保することが可能なシステムの構築が不可欠です。とくに、資格に関連する分野については、各職業分野の人材の質を確保する仕組みとして、職業資格団体等による教育課程認定等を活用することを含めて、制度設計にあたって資格との関係に留意することが肝要です。

教育情報や財務情報の公開については、少なくとも既存の大学等と同程度の水準が求められます。新たな高等教育機関が、質の高い専門職業人の養成を目的とすること、学生やその保護者に対し学校の選択等に際して有益な情報を提供すべきであることなどを考慮すると、卒業者に対する社会の評価（たとえば、学生の資格・検定試験等の合格率、卒業者に対する就職先企業からの評価、学生の授業評価結果など）に関して情報公開を義務づけることも必要です。さらに、卒業者に対する社会の評価結果は、自己点検・評価や第三者評価の指標としても活用し、評価結果の公表をつうじて社会へ発信していくことが肝要です。

《注》

(1) 川口昭彦著（独立行政法人大学評価・学位授与機構編集）『大学評価文化の定着―大学が知の創造・継承基地となるために』大学評価・学位授与機構大学評価シリーズ、ぎょうせい、2009年、pp. 47-67

(2) 学校評価に関する学校教育法・学校教育法施行規則の規定（2007）文部科学省ウェブサイト　http://www.mext.go.jp/a_menu/shotou/gakko-hyoka/08021216.htm（アクセス日：2015年11月1日）

(3) 「学校評価ガイドライン」の改訂について（2010）文部科学省ウェブサイト　http://www.mext.go.jp/a_menu/shotou/gakko-hyoka/1295916.htm（アクセス日：2015年11月1日）

(4) 「専修学校における学校評価ガイドライン」（2013）文部科学省ウェブサイト　http://www.mext.go.jp/component/a_menu/education/detail/__icsFiles/afieldfile/2014/05/26/1348103_01_1.pdf（アクセス日：2015年11月1日）

(5) 独立行政法人大学評価・学位授与機構編著『大学評価文化の定着―日本の大学は世界で通用するか？』大学評価・学位授与機構大学評価シリーズ、ぎょうせい、2014年、pp. 213-215

(6) 中央教育審議会（2011）「今後の学校におけるキャリア教育・職業教育の在り方について（答申）」文部科学省ウェブサイト　http://www.mext.go.jp/b_menu/shingi/chukyo/chukyo0/toushin/1315467.htm（アクセス日：2015年11月1日）

(7) 「「職業実践専門課程」の創設について～職業実践的な教育に特化した枠組みの趣旨をいかした先導的試行～（報告）」（2013）文部科学省ウェブサイト　http://www.mext.go.jp/component/a_menu/education/detail/__icsFiles/afieldfile/2013/09/03/1339277_2_1.pdf（アクセス日：2015年11月1日）

(8) みずほ情報総研株式会社（2015）「『職業実践専門課程』の実態等に関する調査研究」文部科学省ウェブサイト　http://www.mext.go.jp/b_menu/shingi/chousa/koutou/065/gijiroku/__icsFiles/afieldfile/2015/04/03/1356497_6_1.pdf（アクセス日：2015年11月1日）

(9) 「専修学校における学校評価ガイドライン」（2013）pp. 61-64　文部科学省ウェブサイト　http://www.mext.go.jp/component/a_menu/education/detail/__icsFiles/afieldfile/2014/05/26/1348103_04_1.pdf（アクセス日：2015年11月1日）

⑽　『第三者評価システムの概要　Version　4.0』（2013）特定非営利活動法人私立専門学校等評価研究機構ウェブサイト　http://www.hyouka.or.jp/n-daisanshahyoukajigyo.html（アクセス日：2015年11月1日）
⑾　教育再生実行会議「今後の学制等の在り方について（第五次提言）」（2014）p. 5　首相官邸ウェブサイト　http://www.kantei.go.jp/jp/singi/kyouikusaisei/pdf/dai5_1.pdf（アクセス日：2015年11月1日）
⑿　実践的な職業教育を行う新たな高等教育機関の制度化に関する有識者会議（2015）「実践的な職業教育を行う新たな高等教育機関の在り方について　審議のまとめ」文部科学省ウェブサイト　http://www.mext.go.jp/b_menu/shingi/chousa/koutou/061/gaiyou/__icsFiles/afieldfile/2015/04/15/1356314_1.pdf（アクセス日：2015年11月1日）

第二部
専門学校質保証の理論と技法

評価は新しい概念ではありません。営利企業では利益率や収益性など、その業績を評価することは当然の活動であり、この評価結果を活用して行動計画を練るという長い歴史があります。営利企業には、その実績を測るうえで、「利益」という基準があります。利益は、企業にとって必ずしも唯一の尺度ではありませんし、最適の尺度でもないかもしれません。しかし、利益は皆が合意できる共通の尺度になります。企業にとっては、利益をあげることだけが使命ではありませんが、それは重要な目的の一つです。

　高等教育評価は、営利企業の評価とは異なって、「利益」では測ることができない活動やサービスが対象です。このような視点から、国際的にも「質保証」という言葉を使うようになってきました。第一部で解説しましたように、評価の目的は、各大学における教育研究の質に関する説明責任と改善・向上であることを認識しなければなりません。このためには、教育の使命と成果を見定めるための独自の評価手法をもたなければなりません。

　専門学校質保証の目的は二つあります。第一は、学校における諸活動の質の改善・向上に資することです。第二は、諸活動に関する社会的説明責任を果たすことです。質保証の責任は、第一義的には学校自身（内部質保証）にあります。しかし、国際的な流れとして、内部質保証に加えて、第三者機関が学校の諸活動の質の現状分析と保証を行うことが求められています。現在、学校は多くの情報を社会に向けて積極的に発信しています。しかし、学校自身が発信する情報だけでなく、第三者機関による質保証情報も不可欠であることが国際的にも広く認識されています。

　この第二部では、質保証を実施するための基本的な考え方、そして具体的に、どのような準備をし、実施していくかを解説します。

第1章

個性・特色をみせる

　21世紀前半が「知」の再構築の時代であるという認識に立って、1998年（平成10年）に『21世紀の大学像と今後の改革方策について』と題する大学審議会答申が公表されました(1)。この答申のなかの「大学」は、「高等教育機関」と読み替えられますので、専門学校にも適用されます。大学評価・学位授与機構(2)は、この答申に基づいて創設されたわけですが、この答申には、①大学の個性化をめざす、②多元的な評価システムの確立という課題が提言されていました。大学評価機関（仮称）創設準備委員会では、この二つの課題を同時に満たす評価方法・内容を検討しました。すなわち、コラム2-1に示したテーマの議論です。

> **コラム 2-1**
>
> 「客観的な立場から**第三者機関が教育機関の評価を行って、その結果として各高等教育機関の個性が輝く**」ためには、どのような評価方法・内容が考えられるのか？

　当時の大学数は750校以上ですから、これだけ多数の大学を限られた人数の評価者で評価して、かつ各大学の個性化を図るための方法・内容は如何に？この問いに対する答えが、「各大学が設定している目的・目標に即した評価」でした。すなわち、各大学の個性や特色が十二分に発揮できるように、評価対象となる活動についての画一的・統一的な基準に基づいた評価ではなく、教育研究活動に関して大学が設定している目的（活動を実施する全体的な意図）および目標（目的で示された意図を実現するための具体的な課題）に即して評価を実施することです。

　この結論は、教育の質保証を行う際の基本的な考え方として、国際的にも

共通認識となっており、これからの専門学校の質保証についても、この考え方を基盤として進めることになります。また、教育機関が、それぞれの個性や特色を社会に示すためにも目的・目標は重要です。なお、この章の議論は、大学について記述した内容[3]と概念的には同じです。

第1節　使命、目的、目標を明確に

　専修学校（以下「学校」と略します。）は、その目的、対象、制度の特性から、カリキュラム等の面での自由度が高く、関係業界等のニーズに即応した多様な教育を展開するうえでの強みをもっています。これが、職業や実生活に資する教育を行う学校としての特色となっています。したがって、自らの特色や個性を可視的に発信することが重要です。このために、それぞれの学校の使命や理想像を明示することが、不可欠なことです。高等教育がエリート段階の時代では、それぞれの組織の個性や特色あるいは使命や目的が、十分には明文化されていなくても構成員や社会に何となく了解されていることも多かったかもしれません。しかし、ユニバーサル・アクセス段階を迎えた現状では、これらが明文化されていないとその組織が理解されないことになります。

1．使命と理想像

　学校は、教育を使命として、その成果をとおして社会や人類の発展のために貢献することを目的とした公共性の高い組織です。これは、すべての学校がもつべき共通のものであり、図2-1では「基本的使命」とよんでいます。すなわち、基本的使命とは、教育基本法、学校教育法や中央教育審議会などの答申が高等教育に求める共通の内容です。中央教育審議会答申『我が国の高等教育の将来像』[4]（いわゆる「将来像答申」）は「21世紀型市民」の育成を中心的課題として掲げており、これが基本的使命の一つといえるでしょう。活力ある社会が持続的に発展していくためには、専門分野についての専

門性を有するだけでなく、幅広い教養を身につけ、高い公共性・倫理観をもちながら、時代の変化に合わせて積極的に社会を支え、あるいは社会を改善していく資質をもつ人材が「21世紀型市民」です。

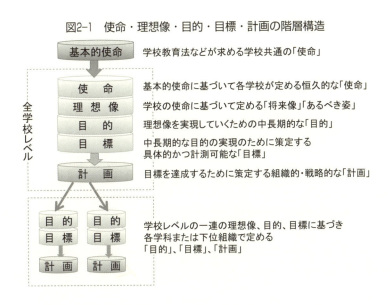

図2-1　使命・理想像・目的・目標・計画の階層構造

　個々の学校に関していえば、その設置理念などによって、めざすべき方向性は当然ながら異なります。基本的使命を踏まえつつ、それぞれの学校は、固有の使命（mission）を定めていなければなりません。使命は恒久的で、それぞれの学校の現在と未来の方向を示すものです。この使命に基づいて定める学校の将来像、あるいはあるべき姿が理想像（vision）です。どのような分野で機能を果たすかということが、この理想像で述べることになります。もちろん、使命と理想像を別々に表題をつけて作成する必要は必ずしもなく、まとめて記述されていても問題ありません。それぞれの学校の個性や特色を発信するためには、学校の組織としての使命や理想像が、明確になっていて、構成員の合意がえられていることが大前提です。

2．目的、目標そして計画

　使命や理想像は、かなり恒久的な内容となりますが、目的（goalsあるいはaims）は、それらを実現していくための中長期的（目安は10年程度でしょう）な方針です。目標（objectives）は、目的を実現するために、めざすべき行動や道筋を具体的に示すものです。目標に含まれる内容は、一定期間後に目標の達成状況を検証・分析することを踏まえて、具体的かつ計測可能であることが必要です。現状では、目標が不明確であったり、達成状況を点検するための資料・データが不十分であったり、評価するための根拠が用意されていないなど、自己点検・評価が十分には機能していない例も少なくありません。

　目的と目標とは異なる概念ですが、あまり区別されないまま用いられている場合が多いようです。目的とは、めざすべき基本的な方向ですから、内容が妥当なものであれば、ある程度、理念的・抽象的であっても問題ではありません。これに対して、目標とは、目的を実現するためのいわゆる「マイルストーン」ですから、具体的な活動や行動がめざす最終結果でなければなりません。したがって、目標の明確化は、具体的な活動を動機づけるために不可欠なことであり、活動やその結果が、目標に照らして適切であったかどうかを評価できるものでなければなりません。このような視点で各学校の目標をみると、表現が抽象的であったり、期待や希望が述べられていたり、「目標」とはいいがたい内容のものが少なくありません。

　目的や目標が適切に設定されたうえで、この目標を実現するためには、具体的な方策を立てる必要があります。目標が明確でも、その実現に向けた方法や手順が明確でなかったり抽象的であったりすると、目標の達成は難しくなります。この具体的な方策が計画（plan）です。すなわち、計画は、行動計画（action plan）ともいえるもので、目標に沿った方向性をもつ詳細な活動方針です。したがって、一定期間後に計画の実施・達成状況を評価する際には、この状況を分析するための資料・データが不可欠となります。

目的、目標あるいは計画は、さまざまな段階で考えなければなりません。学校全体として考えるべきこと、学科や課程ごとに考えるべきこと、さらには、目標や計画のレベルでは教員や職員個人が考えるべき内容もあるでしょう。それぞれの権限や責任の範囲でとるべき方策に違いがあるのは当然ですので、それらを有機的に統合することが求められます。

3. 目的、目標を設定するための留意点

　大学評価・学位授与機構は、発足以来、大学に関して試行評価、認証評価、国立大学法人評価などを10年以上実施してきました。そして、それらの評価の検証も行ってきました。ここでは、それらのなかから問題点や留意点をまとめますが、専修学校にも参考になることを期待します。

　評価の時代が声高に叫ばれるようになって、組織の中に「PDCAサイクル」が必要であるといわれています（図2-2）。しかしながら、現在の学校には、PDCAサイクル以前の問題があるように思われます。PDCAサイクルが学校の組織（全校、学科など各レベル）で機能するためには、使命、理想像や目的が、明確になっていて、構成員の合意がえられていることが大前提です。

図2-2　質向上サイクル

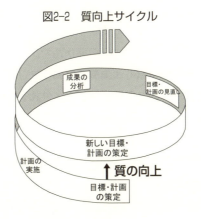

組織全体の目標の実現の道筋が明確になるように、各方策相互の関連と手順を全体の枠組みのなかで構造化することが重要です。学校や学科全体の目標とその実現に向けた各自の役割と課題が、一目で構成員に理解できるような、いわゆる戦略マップを作成しておくことが必要でしょう。すなわち、学校としての基本的な条件が満たされていることを前提として、その基盤に拠りながら特色ある具体的な施策が効果的に行われなければなりません。

　教育に関して社会が求めていることは、組織としてどのような人材を育てようとしているかという情報です。この要請に応えるための第一歩は、「成果」に言及した教育目的・目標を具体的にかつ明確に定め、社会に向けて発信することです（第一部第2章第1節、p. 21）。使命から計画にいたるまでの段階が明確に定められ公表されていれば、ステークホルダー（利害関係者）などの第三者が、その大学の個性や特色を容易に理解することができますし、説明責任を果たすこともできます。

　ところが、大学評価を10年以上実施しました経験から、日本の大学は、たとえば「学生にどのような能力・技能をつけさせるべきか」について、組織として広範な合意が十分ではないまま運営されているように思えます。専門学校の場合には、大学ほど抽象的ではないかもしれませんが、使命や理想像として、基本的使命と同じような内容が記述されていたり、活動の手段が述べられているものも散見されます。使命や理想像とは、それぞれの学校の存在と活動の理由を明示するものでなければなりません。すなわち、各学校が、それぞれの個性を主張しなければならない部分です。学校名をみなくても、この使命・理想像・目的をみれば、どこの学校なのか特定できるくらいのものが望まれます。

　評価は、評価作業の技法や対応のみならず、説明責任など組織の総合的な力量が問われることになります。ここが、個人の研究評価とは異なるところです。学校の使命や理想像にもとづいて、明確かつ具体的な目的、目標そして計画を立案し、これらが構成員に共有されることが最初の作業です。これらが抽象的あるいは不明確であれば、自己評価はもちろん第三者評価も実施

することは不可能です。学校の目的、目標および計画は、個性や特色を社会に示す最も重要なツールであり、評価は、その成果に関する説明責任を果たすために不可欠なツールです。

「評価能力」という言葉には、非常の多くの能力が含まれています。狭義の意味は、評価を実施するための手法、作業、資料・データの収集などに関するものです。しかし、この狭義の「能力」が備われば、評価が適切に実施されるとは限りません。広義の「能力」が問題となります。これは、評価対象となる目的、目標、計画などの設計の仕方の問題です。目的、目標や計画の設定は、評価が有効となるための前提条件であり、広義の「評価能力」として考えなけれなりません。

第2節　組織がもつ資源の把握

各学校が、それぞれ使命、理想像および目的を明確にし、それに基づいて目標を策定し行動計画を練るためには、外部環境分析と内部環境分析が不可欠です。とくに、内部環境分析の一環として自らがもつ人的および物的資源を的確に把握することが必要条件です（コラム2-2）。これは至極当然のように思えますが、今まで教育機関では十分ではなかったと思われます。

コラム 2-2

己を知ることは、あらゆる戦略の前提である。

外部環境分析、内部環境分析あるいは学内資源の把握などは、継続的な活動ですが、このような活動を専門に担当する者（あるいは組織）が必要でしょう。この者（あるいは組織）は、学校自身についての情報の収集や分析を担当し、必要なときには質保証のための作業も行います。アメリカ合衆国の大学では、Office of Institutional Research（IR）などの名称で担当部門が設置されている例が多くみられます[5]。この部門の業務は、学生や教員に関する情報を調査分析することにより学校の戦略計画や年次計画の策定に活用する

ことですが、質保証活動も随時行っています。

１．人的資源の把握

　組織の教育目的・目標を実現するのは、教員集団の教育内容・教育力です。高等教育の質が、教員の力量やその仕事の質に最も大きく依存していることは明らかです。学校の競争力や個性化が問われている現状では、どのような教員を配置・育成していくかが各学校にとって最重要課題となっています。

　学校として重要なことは、組織として教員集団の教育力を把握することです。もちろん、教員の採用時には、その教員の教育力は、ある程度把握できているかもしれません。絶えず変革が求められる時代に相応しい教育内容とするためには、教員の教育力は常に把握されていなければなりません。このため、教員一人ひとりが教育業績記録（ティーチング・ポートフォリオ）（表2-1）を作成することを提案します[6]。教育業績記録は、一人の教員の教育活動について、「何を行っているか」だけではなく、「なぜ、そして、どのように行っているか」という活動の理念、工夫や方法を自己省察により記述した文書、およびその記述を裏づける根拠資料から構成されています（コラム

表2-1　教育業績記録（ティーチング・ポートフォリオ）の典型的な目次

改善を目的とする場合	評価を目的とする場合
・教育の責任 ・教育の理念 ・教育の目的、戦略、方法論 ・教育素材（シラバス、配布資料、課題）の説明 ・授業を改善する努力（指導法の刷新、カリキュラムの改訂、教育に関する学会・研究会への参加） ・診断的な質問に対する学生の授業評価 ・他の教員による授業参観の講評、教材のレビュー ・学生の学習状況を示す根拠 ・短期および長期の教育目標 ・添付資料	・教育の責任 ・教育の理念 ・教育の目的、戦略、方法論 ・総括的な質問を用いた複数の科目に関する学生の授業評価 ・他の教員または学校執行部による授業参観の講評 ・学校の内部または外部の同僚による教材のレビュー ・代表的かつ詳細な講義シラバス ・学生の学習状況を示す根拠 ・教育に関する表彰や報奨 ・短期および長期の教育目標 ・添付資料

2-3)。これは、①組織としての教育理念などを検討する資料、②これからのファカルティー・ディベロップメント（以下「FD」と略します。）に不可欠な資料、③教員が自らの教育活動を振り返るためのツールとして有用です。

コラム 2-3

教育業績記録（ティーチング・ポートフォリオ）は、**教育活動の業績について、自己省察**による記述部分、およびその記述を裏づける**根拠資料**の集合体であり、一人の教員の最も重要な**教育成果に関する情報**をまとめたものである。

教員の活動は、教育ばかりでなく研究やサービス活動にも及んでいると思います。サービス活動とは、学内における管理運営業務および学外における学会関連業務、社会貢献活動などを含めた活動をさします。このような教員個人の学校におけるあらゆる活動について、本人の理念や意義に基づき、一貫性をもって包括的に記述する文書として、アカデミック・ポートフォリオも提案されています[7]。

教員の教育力を把握し、教育の質を高めるために、教員自身によるFDは非常に有効です。中央教育審議会の用語定義によると、FDとは教員が授業内容・方法を改善し向上させるための組織的な取組の総称とされています。もちろん、教員個人個人は以前から改善・向上には取り組んでいましたが、ここでは「組織的な取組があるか否か？」がポイントです。FDという言葉が大学人の前に登場したのは、大学審議会答申「大学教育の改善について」（1991年）です。その後、大学設置基準に実施努力義務として規定されました（1999年）。さらに、大学設置基準が改正され、FDの実施がすべての大学に義務づけられています。

FDの内容も、講演会の開催、センターなどの設置、授業検討会や研修会の開催など多様な試みが実施されています。かつて「大学教員は研究のことしか考えない」と批判されていた時期もありましたが、これは批判に反論で

きる資料ではないでしょうか。しかしながら、「FDはフロッピー・ディスク？」「FDは知らぬ存ぜぬ」などという教員は、ほとんどいなくなったでしょうが、「義務化」によって「形骸化」となりそうな気配が懸念されています。現在実施されているFDの大部分は、義務化されたこともあって、トップ・ダウン型ですが、これが実質的に機能するようにするために、コミュニケーション型あるいは相互研修型のFD[8]を工夫していく必要があります。また、職員も巻き込んだスタッフ・ディベロップメント（SD）も非常に重要となります。

2．SWOT分析とバランスド・スコアカード

SWOT分析は、学校の目的達成をめざした目標を定めるための手法の一つで、さまざまな組織・機関で活用されている普遍的な方法です。SWOT分析とは、目標を達成するために意思決定を必要とする組織における、強み（strengths）、弱み（weaknesses）、機会（opportunities）、脅威（threats）を評価するために用いられる戦略計画ツールの一つです。強み、弱み、機会および脅威は、つぎのように定義されます。
・強み：目的達成に貢献する組織の内部要因(個人などの人的資源を含む)
・弱み：目的達成の障害となる組織の内部要因（個人などの人的資源を含む）
・機会：目的達成に貢献する外部要因（組織ではコントロールできないもの）
・脅威：目的達成の障害となる外部要因（組織ではコントロールできないもの）

これらを分析して、将来の戦略を形成する方法です。内部要因には、人的・物的資源、財務、立地などが含まれます。外部要因には、法令・社会環境・文化の変化、技術革新などが含まれます。内部要因は、目的によって強みまたは弱みとなることがあります。すなわち、ある目的についての強みは、別の目的についての弱みとなる可能性もあります。的確な戦略策定に

は、SWOT分析の正しい理解が必要です。意思決定者は、SWOT分析の結果を基に目標が達成可能であるか否かを判断します。達成が不可能であると判断した場合には、目標の修正または別の目標をたてて、SWOT分析を再度やり直す必要があります。達成が可能であると判断した場合、創造的な戦略を立てることができます。

　SWOT分析は、適切に行われなければ、有効な手法とはなりません。まず第一は、目的が明確になっていなかったり、構成員の同意がえられていない状況では、SWOT分析の結果には意味がありません。第二は、外部要因の「機会」と内部要因の「強み」を混同しないことです。第三は、SWOT分析項目と戦略を混同しないことです。戦略は行動を定めるのに対して、SWOT分析項目は状況を説明するものです。SWOT分析は、営利組織に限らず非営利組織でも、目的が定められれば、有効に使用できます[9]。

表2-2　SWOT・クロス分析のイメージ

	機　会	脅　威
強み	積極的戦略 自らの強みを活かして、機会を利用して積極的に取り組む。	差別的戦略 自らの強みを活かして、外部環境の脅威を回避あるいは事業機会を作る。
弱み	弱点の克服 自らの弱みを克服し、機会を自らのものとして、事業機会を失わないようにする。	専守防衛または撤退 自らの弱みによって、最悪の事態が起きないように防衛するか、あるいは撤退する。

吉田二美子『看護管理者のための実践的マネジメント』日本看護協会、2008、p.54を参考に作成

　SWOT分析によって組織の内外の状況を把握したうえで、つぎにクロス分析を行います[10]。これによって、組織の課題を明確にし、戦略目標を定めることができます。クロス分析は、表2-2に示しましたように、強み、弱み、機会、脅威の各欄にSWOT分析で明らかになった要因をそれぞれ列挙します。そして、強み、弱み、機会、脅威のそれぞれの要因間でクロスさせます。強みと機会の各要因の組み合わせから、「積極的戦略」の課題が見いだ

されます。組織の強みであり、かつ外部環境も追い風にある分野を見出すことによって、積極的に事業展開を進めることのできる課題が明らかになります。強みと脅威の各要因の組合わせでは、「差別化戦略」の課題が見いだされます。外部環境においては、脅威であっても、自らにとっては強みであれば、他機関との差別化ができる分野であるわけです。弱みと機会の各要因を組み合わせると、「段階的施策」の課題を見いだすことができます。外部環境には機会があるわけですから、組織の弱みを克服して、機会を失しないようにする事項が何であるのかを明らかにすることができます。弱みと脅威の各要因を組み合わせれば、「専守防衛または撤退」の課題が見いだされます。ここでは、組織の弱みで、かつ外部環境の脅威になっている分野ですから、競争において勝ち目のない分野です。営利企業であれば撤退を決断する分野ですが、学校や病院など公的機関においては撤退による社会的ダメージも考えられますので、すぐに撤退を判断するとは限りません。この場合には、最悪の事態を招かないための策を講ずることが必要となります。

　目標から計画を策定する方法に、バランスド・スコアカード（balanced scorecard、BSC）があります。この方法は、キャプランとノートン（R. S. Kaplan ＆ D. Norton）[11]が考案した概念で、業績評価システムから出発し、経営情報システムとして発展した後、戦略的経営システムと位置づけられています。従来の財務的指標中心の業績管理手法の欠点を補うものであり、戦略・ビジョンを四つの視点（財務の視点、顧客の視点、業務プロセスの視点、学習と成長の視点）で分類し、各視点ごとに目標、業績評価指標、ターゲット、具体的プログラムが設定されます。1990年代後半以降、バランスド・スコアカードを改良した手法が各種考案されています。企業は、バランスド・スコアカードを、①予算の明確化と更新、②戦略的方向性の明確化と調整、③業績の定期的評価などの目的で利用しています。バランスド・スコアカードは、営利組織のみならず、非営利団体や学校などでも利用されており、わが国の大学でも利用しようという試みが行われています[12]。

第3節　教育力の改善と向上：意識改革

　カリキュラム改革や組織改革など、学校はさまざまな改革に取り組んでいます。しかし、このような改組や新設によって「箱物」を整備しても、そこに「魂」が注入されなければ決して成功したことにはなりません。この箱物の整備は、トップの強力なリーダーシップによって、ある程度短時間にかつ集中的に実施することは可能です。しかし、新しい組織が本当に機能するためには、その構成員や周囲の理解、合意そして意識改革が必要であり、とくに、意識改革のためには一定の時間が必要です。改革の理念がどんなに立派でも、あるいはトップのリーダーシップがどんなに強力でも、構成員の合意や意識改革が進んでいないと、その改革はいつしか空洞化したり、元の状態に戻ってしまったりすることは歴史が物語っています。したがって、組織・体制の改革を推進すると同時に、意識改革も進めることが肝要です。

　教育力の基本的な要素は、「学生の学習を推進」するための授業計画、教授方法、あるいは成績評価です。学生に学習することを身につけさせること、すなわち、学生の理解や考える力を育成することが重要です。座って講義を聴くだけでなく、学生が自ら能動的に関わるような授業設計やクラス運営が求められます。また、学生の動機づけを高め、つぎの適切な目標設定を可能にするような成績評価も必要です。教員には、このような教育を推進できるような知識、技能、そして価値観をもっていることが求められます。

1．学生による授業評価

　教育力の改善・向上に資するために、学校においては何らかの形で学生による授業評価アンケート調査を実施しています。授業評価アンケート調査が普及した要因としては、18歳人口の減少などさまざまな状況の変化により、社会の要請に応える形での説明責任が重視されるようになったことがあげられます。

このように、説明責任が重視される現状にあって、学生による授業評価アンケート調査が、授業改善という本来の目的に貢献しているかとなると、大いに疑問が残るところです。評価に対する義務の履行（アリバイ作り？）という点が重視されるあまり、形だけの授業評価の実施になっている例が多いのではないでしょうか。多くの学校では、授業評価結果を授業改善に活かすためのさまざまな努力がなされているようですが、授業評価を授業改善に連結する有効な手段が見い出されていないというのが現状ではないでしょうか。

学生による学期末授業評価アンケート調査の有意義となる条件と問題点をまとめました（表2-3）。学生による授業評価が、どの程度授業改善に役立っているかという問いかけに対しては、「よく分からない」というのが正直な答えです。教員の多くが評価結果や学生のコメントをもとに授業改善に取り組んではいますが、大学評価・学位授与機構が行った評価のための訪問調査での学生とのインタビューでも「一向に改善されない」といった学生の不満が多く聞かれます。また、アンケート自体が抱える問題も見過ごせません。学期末のアンケートの場合、担当教員が授業改善を行うにしても次学期以降の授業となります。アンケートに協力した学生にとっては、その有効性が見えにくく、加えて、アンケート結果の情報が開示される頃には、すでに次の学期が始まっており、学生も前学期の結果にはあまり興味を示しません。すなわち、評価主体である学生自身が、その有効性をもっとも実感しにくい立場におかれているわけです。このような現状では、面倒なアンケートに協力する徒労感のみが残り、回答の質の低下、ひいては学習意欲の低下を招きかねません。授業改善に資するために導入されたはずのアンケートが、かえって教育の質の向上に対する阻害要因となりかねないのです。

表2-3 学生による学期末授業評価アンケート調査

有意義となる条件
・実施組織の効率的な運営 ・専門家の意見を踏まえた調査計画とアンケート作成 ・アンケート結果の分析と、それを改善に結びつけるための検討 ・担当教員に対する適切なフィードバック ・学生への情報開示
問題点
・担当教員が授業改善を行っても、結果が反映されるのは次学期以降の授業となる ・アンケート結果の情報が開示された時点では次学期が始まっている ・協力した学生自身が有効性を実感しにくい ・協力した学生に徒労感が残り、回答の質の低下、学習意欲の低下を招く恐れがある ・実施するためのコストがかかり費用対効果が問題である

このような問題意識から、徳島大学は、学期末に行われる「学生による授業評価」に加え、中間アンケート調査を導入しました[13]。この目的は、①教員が学生の意見を参考にして授業方法の改善を行うこと、②学生自身にもアンケート結果のフィードバックを行うことで学習意欲の促進を図ることにあります。これは、外向きの説明ではなく実際に授業を受ける学生への説明を、評価義務ではなく実質的な授業の改善を重視した取組といえます。この中間アンケートは、学期の中間の時期に授業方法についての簡易アンケートを行い、その結果を担当教員自身が授業内で学生に説明するというものです。この仕組みは、表2-3に示した問題をある程度解消できます。アンケート結果を学生自身が確実に知ることができ、かつ教員がその結果をどう受け止め、どう改善するつもりなのかを授業担当教員から直接聞くことができます。結果を受けた教員の説明をとおして、教員と学生との間で授業方法についての合意形成がなされるでしょうし、学生も実際に改善の状況を確認することができます。さらに、その過程をとおして学生の授業に対する責任感や学習意欲の向上も期待できます。

2. 教員相互の授業評価とファカルティ・ディベロップメント（FD）

学生による授業評価を有効なものとしようとする努力が、各学校で行われ

ています。しかし、アンケート調査を実施するためには、調査計画やアンケート作成、調査結果の分析など専門的な知識が必要ですし、実施時期も限られ、さらにコストもかかるために、頻繁に実施できる事業ではありません。また、学生の授業評価は表面的な「印象評価」になる危険性を秘めており（あるいは、教員がそう思っている）、正当な評価を受けられない不満が教員に生じる可能性もあります。

　学生による授業評価が抱える問題点を解決する手段として、教員相互の授業参観・評価が非常に有効であると思われます。他の教員の授業を観察したり討論することは、自分自身の授業を振り返ってみる機会としても有効です。こういうと、「自分の授業準備で手一杯だ。他人の授業をみているような暇などない」とか「講義を他人に聴かせたり記録させたりするのは"教授の自由"の侵害だ」などという抵抗が聞こえてきます。しかし、これらは、教員中心の考え方であり、学生のための教育力向上という視点からは疑念をもたざるをえません。現状では、学生や教員相互の授業評価が組織全体の教育力の底上げの効果が出る以前の問題点として、教員の二極化という現象が懸念されます。すなわち、「良い」評価の教員は、改善に熱心に取り組み、他人に意見を積極的に取り入れている一方で、「悪い」評価の教員は、改善にはあまり熱心ではなく、他人の意見もあまり取り入れない傾向が垣間みえます。重要なことは、社会や学生と学校の関係を常に念頭におくことです。

　このような状況を改善するために、FDの必要性が叫ばれています。学校教育法によって定義されているFDは、「教員が授業内容・方法を改善し向上させるための組織的取組の総称」と定義しています。具体的な例としては、教員相互の授業参観・授業評価、教育方法改善のための講演会・研究会、新任教員のための研修会、新任教員以外の教員のための研修会などがあげられています。これらの共通のキーワードは、「授業・研究指導の改善」と「組織的な研修または研究」の二つです。これによって、日本では、「FDとは授業改善のための活動」と理解されています。もちろん、これは最重要目的ですが、世界各国で推進されているFD活動には、もっと広い活動、すなわち

「大学・学校の理念・目標を紹介するワークショップ」「カリキュラム開発」「自己転換・評価活動とその活用」なども含まれています。したがって、FDは、個々の教員が負う教育研究などの義務を達成するために必要な能力を維持し改善するための活動と定義するのが妥当でしょう[14]。今や学習パラダイムの時代ですから、「学修成果をどのようにみせるか？」「学修成果をどのように測るか？」「学びを実らせる教育は如何に？」に関するFDの実施を期待します。いずれにしても、教員の意識改革が強く求められています。

3．組織内での役割分担と教員に求められる能力

18歳人口が減少しているにもかかわらず、高等教育サービスは供給過剰ですから、学生獲得のためにさまざまな工夫が必要となっています。したがって、学校間競争が最近ますます激化し、学校間のさまざまな面での格差も拡大しつつあります。このようなときに最も重要なことは、横並び感覚を捨て去り、学校自らがもつ人的・物的資源を的確に把握したうえで、身の丈にあった構想をすべきです。学校全体が「機能と役割の分化」をするのと同様に、学内の教職員も機能分化や役割分担が必要です。すなわち、学校が多様化してきているように、一つの学校を構成している教職員も多様化しなければなりません。教員一人ひとりが、それぞれ担当科目での学修成果をあげることによって、組織全体の目標とする学修成果を如何にあげていくかという問題です。

要するに、学校の構成員が、能力に応じて、教育、学生支援、管理運営などを分担することが重要であり、各学校がもつ人的資源・能力を最大限に活かすことを考えなければならないのです。このような意味から、FDも多様な内容のものが必要です。前項で解説しましたように、わが国のFDは、授業改善に焦点を絞ったものになっていますが、それぞれの役割に対応したFDが必要でしょう。役職者研修（administrative development）などもこれから必要となるでしょう。このように考えると、FDとスタッフ・ディベロップメント（SD）は別々に実施するものではなく、共通の内容をもって

くるのかもしれません。

　高等教育機関では、教員一人ひとりの独立性がいままで尊重される傾向がありました。もちろん、各教員の個性は尊重されなければならないことは当然です。しかし、教員一人ひとりが、社会に向かって開かれていなければなりません（コラム2-4）。そして、組織としての目的・目標に掲げる人材を育成し社会に送り出さなければならないわけですから、教員が組織内で他の教員と活発に交流する環境が大切です。同じ組織内における他分野の教員相互の交流によって、情報を共有するとともに、教員組織の多様化を図ることが、これからの教育改革に必要なことです。

コラム 2-4

教員に求められる能力
- 社会との接点からの情報を的確に把握し、それらを評価する（**聞く能力**）。
- 厳正な自己評価を実施する（**受け止める能力**）。
- 大学に対するさまざまな外圧や批判に対して、説得力のある言葉で反論する（**発信する能力**）。
- 自らの改革を実行する（**内部からの力による変革**）。

《注》
(1) 大学審議会（1998）「21世紀の大学像と今後の改革方策について―競争的環境の中で個性が輝く大学―（答申）」文部科学省ウェブサイト　http://www.mext.go.jp/b_menu/shingi/old_chukyo/old_daigaku_index/toushin/1315932.htm（アクセス日：2015年11月1日）
(2) 2000年（平成12年）に、学位授与機構を改組して、大学評価機関としての事業と、従来からの学位授与事業の業務をあわせて実施する「大学評価・学位授与機構」が発足した。
(3) 川口昭彦著（独立行政法人大学評価・学位授与機構編集）『大学評価文化の定着―大学が知の創造・継承基地となるために』大学評価・学位授与機構大学評価シリーズ、ぎょうせい、2009年、pp. 146-170

(4) 中央教育審議会（2005）「我が国の高等教育の将来像」文部科学省ウェブサイト　http://www.mext.go.jp/b_menu/shingi/chukyo/chukyo0/toushin/05013101.htm（アクセス日：2015年11月1日）
(5) 独立行政法人大学評価・学位授与機構編著『大学評価文化の展開―評価の戦略的活用をめざして』大学評価・学位授与機構大学評価シリーズ、ぎょうせい、2008年、pp. 17-18
(6) ピーター・セルディン著　大学評価・学位授与機構監訳　栗田佳代子訳『大学教育を変える　教育業績記録』玉川大学出版部、2007
(7) ピーター・セルディン、J．エリザベス・ミラー著　大学評価・学位授与機構監訳　栗田佳代子訳『アカデミック・ポートフォリオ』玉川大学出版部、2009
(8) 独立行政法人大学評価・学位授与機構編著『大学評価文化の展開―評価の戦略的活用をめざして』大学評価・学位授与機構大学評価シリーズ、ぎょうせい、2008年、pp. 112-123
(9) 田中弥生「大学外組織評価研究会中間報告～評価からみえる課題～」大学評価・学位授与機構主催　大学評価フォーラム（2008）http://www.niad.ac.jp/ICSFiles/afieldfile/2008/07/17/no13_Tanaka_forumdiscussion.pdf　pp. 9-11（アクセス日：2015年11月1日）
(10) P.F.ドラッカー、G.J.スターン編著　田中弥生監訳『非営利組織の成果重視マネジメント』ダイヤモンド社、2000
(11) Kaplan, R.S. and Norton, D.P.（1996）"Balanced Scorecard: Translating Strategy into Action" Harvard Business School Press
(12) 大学評価フォーラム「大学評価の戦略的活用と方法」（2008）http://www.niad.ac.jp/n_kenkyukai/1180219_1207.html（アクセス日：2015年11月1日）
(13) 独立行政法人大学評価・学位授与機構編著『大学評価文化の展開―評価の戦略的活用をめざして』大学評価・学位授与機構大学評価シリーズ、ぎょうせい、2008年、pp. 100-111
(14) 寺﨑昌男『FD試論―その理解と課題をめぐって』IDE現代の高等教育No.503、4-9（2008）

第二部　専門学校質保証の理論と技法

> # 第2章
>
> # 成果をみせる

　インプット（投入）、アクション（活動）、アウトプット（結果）、およびアウトカムズ（成果）に話を戻しましょう（表1-6、p. 23）。投入と活動は、基本的には、学校がもっている潜在的能力の指標です。結果は、学校の質の間接的な指標といえます。そして、成果が、学校の能力を活用した質（有効性）の直接的な指標ですから、これが一般社会の人々にとって一番知りたい情報です。確かに、学校における活動、とくに教育は、その成果がみえるまでに長時間を必要とし、定性的な内容が多く、成果を可視化することは難しい作業です。しかし、比較的短期間に成果がみえてくることもあるでしょうし、期待できる成果として発信することも可能です。

　「教育の過程（プロセス）を、もっとちゃんと評価すべきである」という意見があります。この意見と、ここでいう「成果をみせる」は、矛盾した主張ではなく、ほとんど同様の内容であると思います。今までの学校評価が、授業などの諸活動の実施状況を評価しているだけであり、学生がどのように参加していたか、どのような勉強をしていたかという視点の評価は、ほとんど行われてきませんでした。このような学生の学びに視点をおいた評価を実施すれば、自然に「成果を見せる」ことに繋がるわけです。学校自身がもっと、教育の過程を具体的に分析して評価するシステムをもつべきです。

　政策評価各府省連絡会議でも、国民的視点に立った成果重視の行政への転換を図るために、政策評価に関する標準的ガイドラインを策定しました（2001年）。このガイドラインでは、政策実施のためにどれだけの資源を投入したか（インプット）、あるいは、政策実施によってどれだけのサービス等を提供したか（アウトプット）のうえに、サービス等を提供した結果として国民に対して実際どのような成果がもたらされたか（アウトカムズ）とい

うことを重視した行政運営を推進することによって、政策の有効性を高めることを謳っています。そして、職員の意識改革を進めるとともに、手続き面を過度に重視するのではなく、国民的な視点に立って成果をあげることを重視する行政運営に重点をおくことによって、国民にとって満足度の高い行政を実現することをめざしています。すなわち、政策評価の基本は、実施したかどうかではなく、実施したことによって成果が、どの程度あがったかを評価することにあります。

　高等教育機関は、行政機関ではありませんが、公共性の高い組織です。したがって、政策評価の視点の導入は、学校の質保証にとっても避けることはできません。「国民」という言葉を「学生」に置き換えて、学校における諸活動を、教育成果があがっているかどうか、学生にとって有効であったかどうか、という視点で見直すことが肝要です。

第1節　社会が求める情報の発信

　高等教育サービスは公共財ではありませんが、高等教育機関は公共性をもっています。公共財とは、道路などのように、基本的にはコストを負担せずに誰でも自由に利用できる財をさします。学校の講義を受講しようとすれば、入学試験に合格し、授業料を納入しなければなりません。たとえば、科目等履修の場合も学校の承認が必要で、かつ授業料を納めなければなりません。学生は、授業などを通じて知識の習得が期待できますし、職業資格や学位を取得することができます。すなわち、私的な利益を享受できます。

　しかしながら、学校は、教育によって人材を養成し社会に送り出します。すなわち、学校は、学生個人の利益を超えて社会に貢献する人材を育成し社会に供給しています。このような人材が、私たちの前に立ちはだかる問題を解決し、市民の生活の質向上に寄与し、さらに社会の競争力を強めることにも貢献しています。このように、社会の不特定多数の人々に貢献するからこそ学校は公共性を有することになります。この結果、学校は社会に対して説

明責任を負うことになります。この説明責任の内容で最も重要なものは、成果であることは、すでに第一部第2章第2節（p.27〜29）で解説しました。したがって、公開する情報の内容も、基本的には成果に関するものが不可欠となります。

1．高等教育機関が発信する情報に社会は満足していない

　わが国の大学の情報発信については、大学の意識と社会の要請に乖離があることを大学評価シリーズ[1,2]で分析しました。この内容は、専修学校を含めた高等教育機関に共通の課題も多数ありますので、大学の例を引用しながら解説します。

　わが国の大学の質は、従来から入学試験で保証（判断）されてきたといえるでしょう。本来であれば、在学中に学生が身につけた能力や技能でもって、教育の質や成果が問われるべきです。入学試験に代表されるのが、いわゆる「偏差値」です。偏差値は、入学時の学生の能力であって、一定期間の学修を終えた後の成果ではありません。大学人は「偏差値で大学を判断するのは問題だ」とはいってきましたが、学修の成果を示すにたる情報を大学が十分には提供していないのが現状でしょう。

　資格試験などがある分野（たとえば医学）では、その試験の合格は学修成果の一部を反映しているでしょう。しかし、医師に必要な能力としては、医療技術は当然ですが、病をもった患者さんを勇気づけて治癒させることが求められます。後者のような能力は、資格試験だけでは測ることは困難でしょう。

　情報公開や広報活動は、すべての教育機関で積極的に取り組まれていますが、その効果が十分には現れていないのが現状です。この主な原因の一つに、関係者が求めている情報と機関が発信している情報との間の乖離があること、そして機関の「広報」意識の醸成が必要なことについては、すでに大学評価シリーズ[1,2]でも議論しました。そこでは、これから大学に入学しようとしている高校生や予備校生が求めている情報と大学が発信している情報の乖離について詳しく分析しました。

大学が学生に身につけさせようとしている能力と、企業が大学卒業生に期待する能力にも乖離があるとの指摘もあります。「企業は即戦力を望んでいる」という言説が広がったために、学生の資格取得などの就職対策に精力をそそぐ傾向が大学側に目立っています。すなわち、多くの大学が職業教育に力を入れているのです。ところが、実際に企業の多くが望んでいることは、むしろ汎用性のある基礎的能力であり、就職後直ちに業務に役立つような即戦力は、主として中途採用者に対する需要であるといわれています。

2．誰にどのような情報を発信すればいいのか？

　高等教育は多種多様なステークホルダー（利害関係者）に囲まれています。機関が情報を発信するとき、それが誰のための説明となるべきであるかについて、いままで明確には議論されてこなかった傾向がありました。「社会」に対して説明責任を果たすときに、いわゆる「国民一般」を想定することが適当とは限りません。広く浅く、総花的な情報では、どの人にとっても、それほど有用な情報とはなりえないことはよくあることです。

　もちろん、不特定多数の人を意識しないわけにはいかない場合もあるでしょう。しかし、このこと以前に、高等教育の直接的な関係者に対して十分な説明責任を果たすことが求められます。「直接的な関係者は誰なのか？」、「その関係者が何に価値を認めているか？」に焦点をあてて、そのニーズ、欲求あるいは希望を満足させなければなりません。「関係者は何を価値あるものと考えているか？」あるいは「彼らのニーズ、欲求、希望を満たすものは何か？」という問題を分析したうえで、広報の内容や戦略を練らなければなりません。

　成果に関する情報を、的確に、かつ可視的に発信することが重要であることは、すでに言及しています。しかし、成果だけでなく、インプット（投入）、アクション（活動）、アウトプット（結果）などの情報も必要でしょう。成果の質保証を行う場合でも、成果だけを単独で評価することはできません。インプット、アクション、アウトプットの各評価を積み上げていかなけ

れば、適切な成果の評価にはなりません。教育活動に関する説明責任を果たすと同時に、それらの水準の改善・向上をめざすことが評価の目的ですから、インプット、アクション、アウトプットについても分析しなければ、目的を達することはできません（図2-3）。とくに、評価を改善・向上に結びつけるためには、それぞれの組織のインプットからアウトカムズについて、現況を把握・分析してみないと課題を解決する方策は明らかになりません。

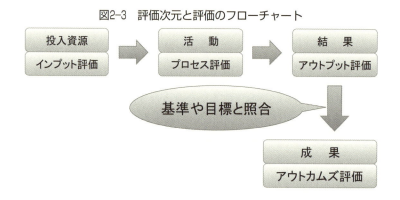

図2-3　評価次元と評価のフローチャート

　現代の高等教育は、ある意味では危機的な状況に直面しているといえるかもしれません。「高等教育は個人的な投資の一つであり、個人的な選択を行うにあたっては、それにともなうリスクも個人が負うべきである」「役に立つ知識、そうでない知識は市場が選別する」など市場化の発想が強調される傾向があります。現代の教育が莫大な経費を要する事業となった以上、「誰が負担すべきか」という問題を避けてとおることはできません。今や、この問題は重要な政策上の課題となっています。

　教育自体は、小さな煉瓦を地道に積みあげていかなければならない作業です。一つひとつの煉瓦は目にみえる成果や利益を生まなくても、それがなければ知識全体ができあがっていきません。基礎となる多くの煉瓦が積みあがって、初めて目にみえる成果や利益が生まれてくるのです。知識社会で

は、知識全体が積みあがっていかない限り、社会全体の発展は望めませんし、国際的に日本が立ち後れることにもなりかねません。

このような主張を教育関係者自身が社会に向かって発信しない限り、主張する人はいないのです。このような事態にこそ日本の危機が潜んでいるのかもしれません。

第2節　期待される学修成果は何か？

高等教育界ではパラダイム・シフトが起こっていることは、すでに議論しました（第一部第1章第2節、p. 8～12）。これは、「教育パラダイム」から「学習パラダイム」へ、あるいは「教員の視点にたった教育（teacher centered education）」から「学生の視点にたった学習（student centered learning）」への転換です。これからの高等教育改革は、学生が習得すべき学修成果を明確に示すことにより、「何を教えるか」よりも「何ができるようになるか」に力点をおかなければなりません。このパラダイム・シフトは、十数年前に指摘されたことですが、今や国際的にも大きな潮流となっています。そして、各国や各機関では、いかに学修成果を測定するか、そしていかに説明責任を果たすか、という問題が最大の関心事となっています。

1．教育パラダイムと学習パラダイムとの比較論

学修成果を議論する前提として、教育パラダイムと学習パラダイムの主な相違点をまとめましょう（表2-4）。従来の教育パラダイムでは、授業がいかに提供されるかということに重点がおかれ、授業内容や教育方法の改善が図られてきました。すなわち、どちらかというと、教員の目線から情報が発信されていたわけです。これに対して、学習パラダイムでは、学習の質が向上しているか、学修成果があがっているのかということが問題になります。

表2-4　教育パラダイムと学習パラダイムの比較

	教育パラダイム	学習パラダイム
学校の使命・目的	・授業の提供 ・教育の質の改善 ・多様な学生の「アクセス」の実現	・学習の生産 ・学習の質の向上 ・多様な学生の「サクセス」の実現
成功の基準	・資源(インプット)や活動(プロセス) ・入学者の質 ・カリキュラムの開発と充実 ・資源の量と質 ・入学者と収入の増加 ・教員と教育の質	・学生の学習成果（アウトカムズ） ・卒業生の質 ・学習技術の開発と充実 ・成果の量と質 ・学習総量の増加と効率性 ・学生と学習の質
教育と学習の特質	・教育時間は一定、学習は多様 ・90分の講義＝2単位 ・固定された時間割 ・1人の教員、1つのクラス ・独立した分野（学科・学部） ・教材の消化を重要視 ・試験、レポートなどによる期末評価 ・教員によるクラス内での評価 ・職業資格・学位＝累積単位数	・学習は一定、必要な時間は多様 ・いつでも学習可能 ・さまざまな学習体験の総体 ・学際的（学科・学部間の協働） ・特定の学習結果が重要 ・事前／事中／事後評価 ・外部者の学習評価 ・職業資格・学位＝習得された知識・技能
学習理論	・知識は個人に「外在」 ・知識は「塊」として教員によって伝達される ・学習は累計的・線形的 ・知識の「倉庫」メタファー ・教員中心で、教員が学習を制御 ・学習環境は競争的、個人主義的	・知識は個人の精神の中に存在し、個人の経験を通じて形成される ・知識は構築され、創造され、獲得される ・学習は複雑な枠組みの構成物 ・学習は「自転車の乗り方」メタファー ・学生中心で、学生が学習を制御 ・学習環境は共同的、協働的、支援的
役割の性格	・教員は主に講師 ・教員と学生は独立に行動し、隔離されている ・教員は学生を分類し、選別する ・職員は教員とその教育活動を支援する ・専門家だけが教えることができる ・独立したアクター	・教員は主に学習環境と学習方法のデザイナー ・教員と学生は互いに、そして職員とチームで活動する ・教員は全ての学生の能力と才能を育成する ・全職員が教育者で、学生の学習と成功を産み出す ・チームワーク

Barr and Tagg[3]および川嶋太津夫[4]を参考に作成。

　教育パラダイムと学習パラダイムにおける教員の役割が大きく変化していることがわかるでしょう。教育パラダイムの時代には、教員は、常に専門家であり、知識を伝授することが任務でした。そして、教員が「どのような内

容や体制で教育を行うか」という、いわゆる提供者側の方針で教育が行われていました。ところが、学習パラダイムでは、教育の享受者である学生自身が、確かに学んでいるのか、また、その授業の場が終わっても、学生が引き続き自ら学び続けていくのかという視点になっています。教員の役割は「ガイドまたはファシリテーター」となり、学習者が学びやすいように周到な授業デザインが求められます。このような流れに対応するように、質保証の枠組みも変化してきています（コラム2-5）。

コラム 2-5

高等教育質保証のパラダイム・シフト
・「教育」重視、**教員中心**から「学習」重視、**学生中心**へ
・「入力」「活動」中心の質保証から「**成果**」中心の質保証へ
・**入口管理**（入学試験等）から**出口管理**（卒業・修了判定）へ

このような流れの背景として、つぎの三点が指摘されるでしょう。

(1) グローバルな知識社会や生涯学習社会では、学問の基本的な知識を獲得するだけでは十分ではなく、知識の活用能力や創造性、生涯をつうじて学び続ける基礎的な能力を培うことが重要視されています。このような能力は、地球の持続可能性に脅威をもたらすような課題に直面している現代社会に対応するために不可欠のものとなっています。

(2) 高等教育のグローバル化が進むなかで、知識・技能等の証明である職業資格や学位の透明性、同等性が国際的に要請されています。

(3) 労働力の流動化にともなって、個人の学習や訓練の履歴、知識・技能等を証明するシステムが求められています。さらに、企業の採用・人事の面において、産業界から高等教育に対して、職業人としての基礎能力の育成が求められるようになっています。

２．学修成果とは

ここで、インプット（投入）、アクション（活動）、アウトプット（結果）、

アウトカムズ（成果）などは、次元が異なる要素であることを高等教育と関連づけて、再確認したいと思います（表2-5）。とくに、アウトプットとアウトカムズとを明確に区別しておく必要があります。大学評価を進めてきた10年間を振り返りますと、大学が設定している目標や計画、あるいは実施されている自己点検・評価をみますと、アウトプットとアウトカムズとが区別できていない状況が窺えます。

表2-5 高等教育におけるインプット、アクション、アウトプットおよびアウトカムズの比較

	インプット（投　入）	アクション（活　動）	アウトプット（結　果）	アウトカムズ（成　果）
学生の背景	入学試験の成績、性別など	提供される教育プログラム、サービスなど	学生の成績、卒業率、就職率など	学生が身につけた知識、技能、能力など
教員の背景	教育組織、年齢、学位など	教員の教育負担、クラスサイズなど	授業回数、論文数、研修活動など	教員の能力改善、論文の引用数など
教育資源	施設設備、蔵書数など	教育目的、学則、管理運営体制など	設備の利用状況、研修への参加状況など	学生の学習、成長、成功など

インプットは、結果や成果を産み出すために投入される人的物的資源量、教育研究活動を円滑に実施するための制度や仕組み（インフラ）の整備状況などです。教育研究組織、教育課程、開設授業科目、施設設備の整備、教員の資格、管理運営体制、財務状況などが主な指標として考えられます。

投入された資源、制度・仕組みなどのインフラを活用して、目的や目標の達成に向けて取り組まれている活動やその作業量がアクションです。授業方法・指導方法の工夫・改善および教員や学生の作業量・努力量などを中心とした教育研究活動の内容や実態などで、一般的には、講義、演習や実習などの教育活動に費やされる量、調査や実験などの研究活動、地域サービスや社会貢献などに費やされる活動量などです。インプットとアクションは、学校の潜在的能力の指標となります。

アウトプットは、活動によって産み出された生産物を意味しており、生産物の量を示す用語です。たとえば、卒業（修了）した学生数、取得した職業資格の数や取得率、資格試験の合格率、就職率などの教育活動の結果として産み出された量が指標となります。しかし、アウトプットは、活動が実施されたことを示すものであり、外形的な数値によって示す場合が多く、その質や水準に関しての情報は一般的には含まれていません。したがって、アウトプットそれ自体では、学修成果があがったのかどうかなどを判断することは難しいことになります。アウトプットが、活動状況を示す指標として一定の有用性をもっていることは事実です。しかし、これは学校の質の間接的な指標であり、これだけでは不十分といわざるをえません。研究の例で説明しますと、発表論文の数が多いだけではなく、その内容が社会や学界にインパクトをもっていることが重要なのです。

　アウトカムズは、目標がどれだけ達成されたかを示すものであり、量的な指標であるアウトプットとは異なる概念です。学校においては、教育目標に掲げているような優れた人材の育成などが、重要なアウトカムズの指標です。すなわち、アウトカムズが学校の能力を活用した質の直接的な指標となります。しかしながら、学修成果は、カリキュラムにもとづいた学習のみではなく、課外活動やボランティア活動などからも得られます。また、その成果は学校卒業後に直ちに現れるものとは限りません。卒業してから数十年もたった後に、学校で受けた教育が生かされていることに気がつく場合も多々あると思います。すなわち、教育活動については、評価が定まるには相当な年数がかかることは珍しいことではありませんし、短期的な評価と長期的な評価が異なることもあります。とは言っても、高等教育機関は自らのアウトカムズを社会に示し、説明責任を果たすことが求められています。

　この一見矛盾していると思われる問題点を整理するために、「最終アウトカムズ」ではなく「中間アウトカムズ」を考えるべきでしょう。学校には、中間アウトカムズを可視化して社会に示すことが求められています。中間アウトカムズと最終アウトカムズとは区別して考える必要があります。中間ア

ウトカムズは、最終目標の達成にむけて期待されるアウトカムズではありますが、それ自体が最終目標ではありません。もっとも理解しやすい一例をあげますと、高いインパクトファクターをもつ学術雑誌への掲載は、研究の国際的影響力の中間アウトカムズと考えてよいでしょう。この雑誌に掲載されたすべての論文が、最終的に学界に強いインパクトを与えるような研究業績となるとは限りませんし、後の研究によって、その内容が否定されることすらあります。しかし、インパクトファクターの高い雑誌に受理されたことは、中間アウトカムズとして一定の高い評価を受けていると考えられます。

　学修成果を考えるとき、学生の満足度、学習への積極的な参加、身につけたと実感できる能力など学生の視点からの評価も重要になります。学習を産み出すことが学校の目的ですから、学生の「学習」こそが学校の「成果」であるはずです。「学習とは何か？」、「学習を向上させるためにはどうしたらいいのか？」ということを考えることが肝要です。最後に、BarrとTagg[3]の比喩を引用しておきます。

　「学校の目的が教育することであるというのは、自動車会社の仕事は組立てラインを動かすことであり、病院の目的はベッドを満たすことである、というのと同様である。そうではなく、自動車会社の仕事は優れた車を完成させることであり、病院の目的は病気を治すことであるように、学校教育の目的は学生の学習を産み出すことである。」

第3節　学修成果を測る

　大学設置基準の大綱化（1991年）以降、さまざまな改革が行われてきました。それらは、「教育を提供する側」の問題として扱われてきました。ところが、最近は「教育を受ける側が大学で何を身につけるか」という観点に重点が移りました。求められているのは、成果を重視する教育（outcomes-based education）であり、「学修成果」という用語はこれに由来します。成

果を重視する教育とは、学生が何を学習すべきなのかを明確に定義、測定することを特徴とする教育構造モデルです[5]。成果を重視する教育システムでは、学生の学修成果が明確かつ詳細に定義され、これに基づいてカリキュラムが編成されます。ここで「定義」とは、学習者が一定の学習期間を終えたときにどのような知識を獲得し、何ができるようになることが期待されるのかを明らかにするものです。

1．学修成果の定義

「学修成果」という言葉の定義を明確にしておく必要があります。「学修成果」の定義については、いくつかの提案がありますが、いずれも基本的には同じであり、次の二つの内容にまとめられます。

(1) 学修成果は、教えられる内容に焦点をあてるのではなく、学生にとって何を身につけられるかということに焦点をあてる。
(2) 学修成果は、学習活動の最後に学生が何を示すことができるかという点に焦点をあてる。

これらの内容から、学修成果の定義は、ヨーロッパ単位互換制度のもとで使われているECTS（European Credit Transfer System）Users' Guide[6]を参考として、コラム2-6の定義が適切と思われます。ここでいう学習過程とは、さまざまなレベルが考えられます。教育課程（プログラム）全体では、そのプログラムを終了した時点で期待できる成果を明示する必要があります。教員一人ひとりは、自分の担当する講義について、学期が終了した時点

コラム 2-6

学修成果とは、ある学習過程を終了したときに、どのような知識、技能そして能力を獲得することが期待できるかに関するステートメントである。

で期待できる成果を示すことが重要ですし、その講義が教育課程全体のなかで、どのような位置づけになるかという情報も学生は知りたいでしょう。また、学修成果は、教員による教育活動ばかりでなく、学生の自主的活動や学生支援活動をも含む教育活動全体をつうじてえられるものでしょう。

2．学修成果が求められる背景

　学校に、教育と学習の質に関する説明責任を果たすためのデータ提供を要請する社会的圧力は、近年ますます強まってきています[7]。学生の学修成果に関する比較可能な情報を要請しているのは、入学志願者、優れた学生を求める雇用者、公的資金の有効利用を求める納税者、資源配分の意志決定に関わる政策策定者などの関係者です。知識社会へと移行するなかで、学校がいかに効果的に人材を育成しているのかに、社会全体が関心を寄せています。学校にとっても、学生の学修成果を比較検討することが、教育改善や社会への説明責任に役立つことが期待できます。また、優れた学修成果の証拠は、入学志願者を惹きつけるなどに有効となるはずです。

　しかし、教育の質に関する既存の格づけやランキングは、学修成果に関する情報はほとんどなく、インプット、アクションおよびアウトプットに関わる指標に注目する傾向があります。このような指標だけでは、学校が学生の知識と技能の育成にいかに貢献しているかを理解することはできません。したがって、既存の格づけやランキングは、関係者や社会全体に対して、教育や学習の質に関する情報を提供する手段としては不十分といわざるをえません。ところが、学校の学修成果を知り、それらを比較可能とするためのアセスメント・ツールが存在しないために、教育の質に関する相対的な代替指標として、格づけやランキングが広く利用されています。そして、格づけやランキングは、多くのメディアによって取り上げられ、学校自身やその卒業生に対する社会の認識に強い影響を及ぼしています。

　このような状況は世界各国で憂慮されており、多くの国々の政策策定者や関係者によって、学生がそれぞれの学校で実際に何を学習しているのか、比

較可能な形で明らかにするツールを開発する必要性が強調されています。一部の国[7]では、学修成果を測定して、教育機関ごとに比較する手法がすでに開発されている事例もありますが、まだまだ多くの問題を抱えていますし、それらの情報は国家間ではほとんど共有されていません。

　アメリカ合衆国は、アクレディテーションについて長い歴史をもっていますが、1980年代半ば頃から学士課程教育の質が問題になり始めました。それまでは、高等教育の「質」は、インプット指標（財政や施設の状況、教職員の配置など）やカリキュラムを中心に測られていましたが、教育や学習の成果が問われるようになりました。連邦政府のスペリングス教育長官の諮問委員会「高等教育将来検討委員会」(Spellings Commission, 2005.9～2006.9)の最終報告書（A Test of Leadership: Charting the Future of U.S. Higher Education）は、この課題を鋭く指摘しています。この報告書は、①これまでの質保証の中核をなしてきたアクレディテーションへの批判、②学習達成度測定の必要性、③達成度測定のツールとして標準テストへの言及などから成り立っています（表2-6）。

表2-6　アメリカ合衆国スペリングス連邦教育長官の諮問委員会の報告書概要

アクレディテーション*への批判 　高等教育機関（学校）やアクレディテーションにおいて、学生の学修成果に対して目を向けられるようになっているが、学生やその保護者は、学生が学校でどの程度学んだのか、あるいはある高等教育機関の学生が他大学の学生よりも多く学んでいるのかどうかについて、学校間で比較が可能な信頼できる根拠をもっていない。 　アクレディテーションは大きな欠点を抱えている。アクレディテーションの結果は通常非公開であり、公開されるものでもプロセス評価に焦点があり、学習やコストの最終結果を示すものではない。
学習達成度測定の必要性 　学生の能力がどの程度向上したかを示す付加価値指標を含む学習のアセスメント結果が、学生に対して利用可能となるべきであり、その集合データが公表されるべきである。学校は、テストスコア、資格取得、学位修得年月、学位修得率、その他の関連指標など学習に関する指標の集約データを消費者に分かりやすい形式で公開する必要がある。 　アクレディテーション団体は、コストや学修成果などのパーフォマンスの結果を、インプットやプロセスより優先し、アセスメントの中核に据えるべきである。

第二部　専門学校質保証の理論と技法

> **標準テストへの言及**
> 　高等教育機関は質のアセスメント・データを用いて学生の学習を測定する必要がある。
>
> Spellings Commission最終報告書 "A Test of Leadership: Charting the Future of U.S. Higher Education" より抜粋。*制度的には異なる点もあるが、わが国の認証評価に対応する。

　学修成果に関する情報が求められるもう一つの理由は、教育内容、教育方法、教育形態などの多様化です。たとえば、技術革新による遠隔教育のように、旧来とは条件の異なる教育形態の登場によって、成果をつうじた質測定の意義がより強く認識されるようになりました。

3．学修成果の測定

　学修成果とは、学習の結果としてもたらされる個人の変化や利益を意味します。この変化や利益は、能力や達成度という形で測定することができます。個人的な成長や社会的成熟などによる、教育機関が寄与する範囲を超えた要因もあります。成果の意味を定義することは比較的簡単ですが、学習の範囲や内容に関する合意を形成することは容易ではありません。学習には多くの要素があり、測定しやすいものから、きわめて測定が難しいものまで含まれています（表2-7）。学校は、それぞれ固有の使命・目的・目標をもっていますから、学習の範囲や内容の優先事項は異なることになります。特定の専門分野別知識を伝授する課程もあれば、一般的技能やコンピテンスを教授する課程もあります。一つのアセスメント・ツールで、教育の重要な成果を全て包括的に測定することは不可能です。したがって、アセスメントに携わる者は、アセスメントの対象となる大学の使命・目的・目標に対応する成果を選択する必要があります。

表2-7　学習のアセスメント

間接的証拠
・学生を対象とした調査：在学中の調査、卒業（修了）時調査など
・卒業生（修了生）を対象とした調査
・雇用者を対象とした調査
・外部者による評価
直接的証拠
・資格試験など
・標準テスト、民間テスト業者によるテストなど（AHELO、CLAなど）
・定期試験、課題レポート、グループ・ディスカッションなど課程・コース内評価
・ポートフォリオ
・パーフォマンス

　成果の意味を定義することは比較的簡単ですが、学習の範囲や内容に関する合意を形成することは容易ではありません。学習には多くの要素があり、測定しやすいものから、きわめて測定が難しいものまで含まれています。学校は、それぞれ固有の使命・目的・目標をもっていますから、学習の範囲や内容の優先事項は異なることになります。特定の専門分野別知識・技能を伝授する課程もあれば、一般的技能やコンピテンスを享受する課程もあります。一つのアセスメント・ツールで、教育の重要な成果をすべて包括的に測定することは不可能です。したがって、アセスメントに携わる者は、アセスメントの対象となる学校の使命・目的・目標に対応する成果を選択する必要があります。

　現在実施されているアセスメント・ツールは、ほとんどが認知的学修成果の測定に焦点をあてています。認知的学修成果とは、専門分野別の知識から、一般的な論理づけ能力や問題解決能力を含む幅広いものです。認知的成果は、知識成果（knowledge outcomes）と技能成果（skills outcomes）に分類されますが、明確に線を引いて分類されるものではありません。高等教育の役割は、知識や技能を習得させることに止まらず、非認知的な要素も含んでいます。教科指導やカリキュラムを補足するために企画される正課外の活動などが、これに含まれます。

　高等教育における非認知的成果の研究は、認知的成果の研究より複雑で

す。価値観や信念を行動データによって捉え、測定することが可能であるという証拠は、ほとんど存在しません。したがって、非認知的成果は、学生による自己報告、教員や雇用者を対象とした質問紙調査により間接的に測定されています。このような間接的な指標は、個人による物事の見方や感じ方に強く影響される傾向があります。このため、この測定結果は、知識や技能を直接測定した場合と比べ、学修成果の指標として、客観性に劣ることは否めません。

　能力や適正(コンピテンス)に着目するアセスメント・ツールは、認知的、情緒的、行動的特性を複雑に組み合わさった状態で捉えようとしています。たとえば、学生のポートフォリオ（学習履歴）には、筆記課題、実習、インタビュー、実験やインターンシップの報告書などの学生の取組の直接的な証拠が含まれています。さらに、ポートフォリオには、成果の間接的な証拠、すなわち学生に能力や適正という観点から自己の成長を評価させる質問紙が含まれることもあります。学生による作品を多元的に評価することで、広範な学修成果を統合しようという試みです。

　学修成果をどのように測定するかという問題は、いまや国際的に重要な課題です。経済協力開発機構（OECD）のAHELOをはじめ、多くの試みが実施されています[8,9]。

《注》
(1) 独立行政法人大学評価・学位授与機構編著『大学評価文化の展開―評価の戦略的活用をめざして』大学評価・学位授与機構大学評価シリーズ、ぎょうせい、2008年、pp. 139-159
(2) 川口昭彦著（独立行政法人大学評価・学位授与機構編集）『大学評価文化の定着―大学が知の創造・継承基地となるために』大学評価・学位授与機構大学評価シリーズ、ぎょうせい、2009年、pp. 125-135
(3) Barr, R.B. and Tagg, J. (1995) "From Teaching to Learning A New Paradigm for Undergraduate Education" Change
(4) 川嶋太津夫（2008）教育学術新聞2317号（平成20年5月28日）

(5) Andrich, D.(2002)"A Framework Relating Outcomes Based Education and the Taxonomy of Educational Objectives" Studies in Educational Evaluation, Vol. 28, pp. 35-59

(6) ECTS (European Credit Transfer System) Users' Guideには、"Learning outcomes are statements of what a student is expected to know, understand and/or be able to do after successful completion of a process of learning." と定義されている。

(7) Nusche, D.(2008)"Assessment of Learning Outcomes in Higher Education: A Comparative Review of Selected Practice" OECD Education Working Paper No. 15

(8) 独立行政法人大学評価・学位授与機構編著『大学評価文化の定着―日本の大学は世界で通用するか？』大学評価・学位授与機構大学評価シリーズ、ぎょうせい、2014年、pp. 132-153

(9) 川口昭彦著（独立行政法人大学評価・学位授与機構編集）『大学評価文化の定着―大学が知の創造・継承基地となるために』大学評価・学位授与機構大学評価シリーズ、ぎょうせい、2009年、pp. 141-144

第3章

内部質保証と第三者質保証

　専門学校は、学生や社会からの期待されるニーズの多様化に積極的に対応するとともに、知識社会において日本の職業教育を支える高等教育機関としての責任をもっています。したがって、その教育の質が確実に保証されるものでなければなりません。教育の質の保証やその向上は、国内社会における学校への信頼の維持・向上の観点のみならず、グローバル化が進むなかで、職業資格の国際通用性の観点からも不可欠なものとなっています。

　専門学校について、国や地方自治体が全体の体系を制度的に保証しているわけですから、国などにもその諸活動の質を保証する責任はあります。しかしながら、学校は自主的・自律的な組織ですから、第一義的には、自らの活動の質保証を行うことが学校の責務となります。質保証については、各学校の自主的・自律的な取組が最も重要であり、質の向上の努力を怠る学校があるとすれば、淘汰されることを避けることはできません。絶えず、自主的・自律的に教育の質の改善・向上に取り組む組織として、社会からの信頼をえることが不可欠です。

　質保証や評価は、単に作業の技法や対応のみならず、組織の総合的な学内マネジメントの力量が問われることになります。学内マネジメントは、学校全体が競争力を高めるためにも重要な要素です。第1章では、目的や目標を明確に定めることが最初の作業であり、この目的・目標に基づいて行動計画を策定することを解説しました。第2章では、学習成果に関する情報の発信が必要であることを強調しました。この第3章では、内部質保証システム構築の重要性や第三者質保証の位置づけなどについて解説し、質保証や評価を行うための資料・データの収集・分析などについて議論します。

第1節　内部質保証システムの構築

「質保証」とは、教育システム、教育機関、教育プログラムそれぞれの質を評価する（分析し、監視し、保証し、維持し、改善する）継続的なプロセスをさす包括的な言葉です。質保証は、規制の一つの仕組みとして、説明責任と改善の双方に焦点をあてます。定められた基準と合意を得た一貫した方法をつうじて、判断結果や情報を提供するものであり、格づけやランキングを目的としたものではありません。質保証は、内部質保証と第三者質保証に区分されます。

質保証を行うための手段が評価であることは、第一部第2章（p. 20〜35）で説明しました。評価については、自己評価、外部評価、第三者評価の三区分があります。自己評価は、教育機関自身が実施する評価ですが、外部評価と第三者評価は、それぞれ表2-8のように定義されています。

表2-8　外部評価と第三者評価

外部評価 　教育機関が学外の評価者を選定し、その評価者に依頼して行う評価。評価項目は、教育機関側が指定するのが普通である。専修学校で実施されている「学校関係者評価」は、この区分になる。
第三者評価 　評価対象となる教育機関とは別個の独立した第三者組織によって行われる評価。評価者・評価項目・評価方法などの選択を行うのは、評価対象となる教育機関ではなく、第三者組織となる。

この定義によると、当該機関の外部者が評価を行うことは両評価に共通です。両者の相違点は、評価者・評価項目・評価方法などの選択を行うのが、評価対象となる当該機関なのか、第三者組織となるのかという点です。この定義では、専修学校で実施されている「学校関係者評価」[1]は外部評価の区分に入ります。外部評価は、内部質保証システムのなかでの作業の一つと考

えられています。これが、現在、専修学校の第三者質保証システムの構築が求められる所以です。

「内部質保証」の定義では、当該教育機関が自らの責任で諸活動の点検・評価を実施することが謳われており、評価者については内部者には限っておりませんので、機関横断的な評価者を依頼することもあります（コラム2-7）。

> **コラム 2-7**
>
> **内部質保証**とは
> 学校が、自らの責任で自学の諸活動について**点検・評価**を行い、その結果を基に**改革・改善に努め**、これによって、その質を自ら保証すること。

「内部質保証システム」とは、コラム2-7で定義されている内部質保証を継続的に行うための学内の方針・手続き・体制などの仕組みをさします。内部質保証システムの構築を学校に求めることは、教育の質保証の責任が、第一義的には学校自身にあるという考え方に基づいています。これは、第一には、それぞれの教育プログラムを提供している教員や学科自らが、その質を保証する責任をもっていることを、第二には、機関としての学校が、そこで提供されている教育プログラムなどの質保証に責任をもっていることを意味しています。

1. 自己点検・評価から内部質保証システムへの進化

法律上の義務とされている「自己評価」は、校長のリーダーシップのもとで当該学校の教職員が参加して、学校の目標・計画に沿った取組の達成状況やそれらの取組が適切に実施されているかどうかについて評価・公表を行い、学校運営の改善等に活用することとなっています。

専修学校は、その目的、対象、制度の特性から、カリキュラム等での自由度が高く、多様な教育を展開している特徴があります。また、専門性を有する分野[2]や入学資格等により区分された課程（高等課程、専門課程、一般課程）ごとに、必要な教員組織、施設設備等に係る要件が異なることから、その形

態はさまざまであり、学校ごとの差異が大きくなっています。このため、それぞれの学校または学科単位で分野の特性や課程の区分を踏まえた多様な評価項目・指標の設定が必要になります。また、専修学校教育の目的に沿った、職業教育の内容と密接に関係する企業・関係施設等との連携による適切な質保証システムの構築も必要です。具体的な評価項目・指標例については、『専修学校における学校評価ガイドライン』の該当部分をご参照ください[3,4]。

現行の質保証の枠組みは、①専修学校設置基準（文部科学省）、②各分野に関連する法令・規則等、③自己点検・評価（学校）、④学校関係者評価、⑤第三者質保証です(図2-4)。この枠組みのうち、内部質保証システムには、学校の自己点検・評価と学校関係者評価が含まれます。学校関係者評価については次項で、第三者質保証については第２節で、それぞれ解説します。内部質保証、第三者質保証いづれも、学修成果（learning outcomes）に基盤をおいた枠組みを構築することが重要です（コラム2-8）。

図2-4　設置基準等、内部質保証および第三者質保証の関係

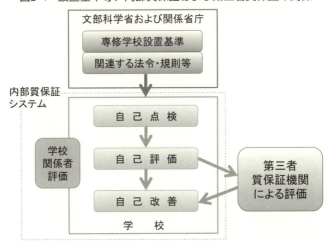

> **コラム 2-8**
>
> 学修成果＋一定の水準・標準＝学修成果を基盤においた枠組み

　学校は、第三者による評価を待つまでもなく、自らの責任で諸活動について点検・評価を実施し、その結果にもとづいて改革・改善を実行する必要があります。このためには、学校の質を自ら保証することができる内部質保証システムを構築することが不可欠です。各学校に内部質保証システムが整備されれば、第三者質保証機関の役割は、そのシステムが十分機能しているかどうかを第三者機関として検証することになるでしょう。しかし、改革・改善の主体は学校自身であること、質保証の第一義的責任は学校にあることを忘れてはなりません。

　大学評価制度が導入されて以来、「自己点検・評価はそれ自体が目的ではなく、その結果を改革・改善に結びつけることが重要である」といわれ続けてきました。しかし、法令等による統制にもとづく「自己点検・評価」から、インセンティブによる動機づけとなる「内部質保証システム」への進化が、今や学校に求められています。

　自己改革・自己改善にあたっては、資料・データや他学校とのベンチマークなどにより、自らの現況を正確に把握することが何より重要です（図2-5）。自己点検・評価は、まさにセルフ・モニタリング機能といえます。基準や目標との差異を客観的な指標をもとに認識することは、その差異を埋めようとする内部的な動機づけを高める機能をもっていなければなりません。重要なことは、図2-5に示すような内部質保証システムが継続的に、かつ円滑に回ることです。さらに、もう一点大切なことは、自己点検・評価の結果を常に公表して、自らの現況を説明し、社会からの評価を受けることです。

　なお、大学教育に関する内部質保証システム構築のガイドライン[5]が、公表されていますので、ご参照ください。

図2-5　学校における内部質保証システムの概要

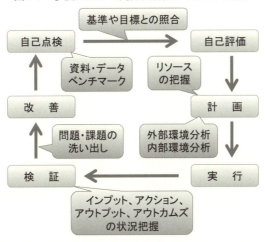

2．学校関係者評価

「学校関係者評価」は、自己評価結果を踏まえ当該学校の関係者が行うもので、学校教育法上の「努力義務」とされています。しかし、職業実践専門課程については、認定要件となっていますから、「実施義務」となっているといえます。学校関係者評価の目的として、次の二点があげられています。

(1) 自己評価の評価結果について、学校外の関係者による評価を行い、自己評価結果の客観性・透明性を高めること、

(2) 生徒・卒業生、関係業界、専修学校団体・職能団体・専門分野別の関係団体、中学校・高等学校等、保護者・地域住民、所轄庁・自治体の関係部局など、専修学校と密接に関係する者の理解促進や連携協力による学校運営の改善を図ること等を目的として行うこととする。

実施にあたっては、上記のような学校と直接関係のある学校外の者を評価者として、学校が選任し、学校関係者評価委員会（あるいは学校規模に見合った体制）を設置します。学校関係者評価委員会では、学校は、自己点

検・評価結果や重点目標・計画、今後の取組方針などを説明します。学校関係者は、学校見学や、教職員・生徒やステークホルダーとなる関係業界・卒業生などと対話を行います。そして、教育活動、学校運営等に係る課題を共有し、学校運営の継続的改善を図る観点から今後の方向性等に対する専門的助言等を行うことが期待されています。

学校関係者評価委員会は、各種の資料の検証や、学校の諸活動の観察等をつうじて、当該年度の学校が行った自己点検・評価の結果およびそれを踏まえた今後の改善方策について評価することを基本としています(コラム2-9)。

コラム 2-9

学校関係者評価委員会の評価項目の具体的事例
・自己点検・評価の結果の**内容が適切**かどうか。
・自己点検・評価の結果を踏まえた**今後の改善方策が適切**かどうか。
・学校の重点目標や自己点検・評価の**評価項目等が適切**かどうか。
・学校運営の**改善に向けた実際の取組が適切**かどうか。

第2節　第三者質保証

第三者質保証とは、内部質保証に加えて、第三者が設定する評価基準に基づき、専門的・客観的視点から評価し、その結果を踏まえて、学校の優れた取組や今後の学校運営の課題や改善の方向性等を提示することを目的とするものです。

第三者質保証のあり方については、文部科学省「職業実践専門課程の各認定要件等に関する先進的取組の推進」事業で検討されています。この事業では、ファッション、情報・IT、ゲーム・CG、美容、介護福祉、理学・作業療法、自動車整備、柔道整復師養成の各分野のコンソーシアムごとに、評価基準や評価方法等が検討されています。これらの取組のなかで、美容分野の取組を以下に紹介します。

一般社団法人専門職高等教育質保証機構（以下「機構」と略します。）は、美容分野コンソーシアムと共同して、試行的第三者評価を実施しています[6]。この評価は、専修学校職業実践専門課程の教育水準の維持および向上を図るとともに、その個性的で多様な発展に資するよう、表2-9に示す目的を掲げています。この試行的評価をつうじて、職業実践専門課程の第三者評価を実施する上での問題点・課題を洗い出し、将来の本格的実施をめざすものです。

表2-9　専修学校職業実践専門課程第三者評価試行の目的

- 機構が定める評価基準に基づいて、専修学校職業実践専門課程を定期的に評価することによって、その教育活動等の**質を保証する**こと。
- 学校の教育活動等について多面的な評価を実施し、評価結果を当該学校にフィードバックすることによって、その教育活動等の**改善・向上に資する**こと。
- 学校の活動について、広く国民の理解と支持が得られるよう支援・促進していくために、その教育活動等の状況を多面的に明らかにし、それを社会に示すことによって、**社会的説明責任を果たす**こと。

この試行的評価の目的を達成するために、機構は以下のような７項目の基本的な方針を掲げています[6]。

(1) **評価基準に基づく評価**：機構が定めた評価基準に基づいて、学校の教育活動等の総合的な状況について、基準を満たしているかどうかの判断を中心とした評価を実施します。さらに、その結果を踏まえて、専修学校設置基準（文部科学省）、美容師養成施設指定規則（厚生労働省）をはじめ関係法令および職業実践専門課程認定要件に適合しているか否かの認定を行います。なお、美容分野以外の分野については、当該分野に関連する法令・規則等の適合性を評価することになります。

(2) **学修成果を中心とした評価**：学生が習得すべき学修成果（ラーニング・アウトカムズ）を重視することが、高等教育の国際的な潮流となっています。この評価は、国際通用性を勘案して、学修成果を中心として学校の教育活動等の総合的な状況について評価を実施します。

(3) **学校の個性の伸長に資する評価**：機構が定めた評価基準に基づいて実施しますが、その判断にあたっては、学校の個性や特色が十分に発揮できるよう、学校が有する「目的・目標」を踏まえつつ実施します。このため、基準の設定においても、学校の目的・目標を踏まえた評価が行えるような配慮がされています。ここでいう「目的」とは、学校の使命、教育活動等を実施する上での基本方針、達成しようとしている基本的な成果等を、「目標」とは、目的が達成されたかどうかを判断するための指標を、それぞれ指します。

(4) **自己評価に基づく評価**：教育活動等の個性化や質的充実に向けた学校の主体的な取組を支援・促進するための評価です。このため、透明性と公平性を確保しつつ、実効あるものとして実現していくためには、機構が示す評価基準および別に定める『自己評価実施要項』に基づいて、学校が自ら評価を行うことが重要です。機構の評価は、学校が行う自己評価の結果（根拠として提出された資料・データ等を含む）を分析して、その結果を踏まえて実施します。

(5) **ピア・レビューを中心とした評価**：学校の教育活動等を適切に評価するために、専修学校の教員、業界関係者およびそれ以外の者であって学校の教育活動に関して識見を有する者によるピア・レビューを中心とした評価を実施します。

(6) **透明性の高い開かれた評価**：意見の申立て制度を整備するとともに、評価結果を広く社会に公表することにより、透明性の高い開かれた評価とします。また、開放的で進化する評価をめざして、評価の経験や評価を受けた学校、コンソーシアム等の意見を踏まえつつ、常に評価システムの改善を図ります。

(7) **国際通用性のある評価**：高等教育のグローバル化が進展しつつある現在、職業教育においてもまた、国際通用性が求められています。このことを踏まえ、学校における内部質保証システム、学修成果および教育情報の公表を重視した評価を実施します。

第3章　内部質保証と第三者質保証

　この試行的評価は、対象学校と機構相互の緊張感をもった信頼関係に基づいた協働作業で成り立つものです。そのため、機構では、評価基準要綱[6]の他に、自己評価実施要項[7]および評価実施手引書（評価者マニュアル）[8]を作成して公表しています。評価の詳細は、これらの出版物をご覧ください。

《注》
(1) 「専修学校における学校評価ガイドライン」(2013) 文部科学省ウェブサイト　http://www.mext.go.jp/component/a_menu/education/detail/__icsFiles/afieldfile/2014/05/26/1348103_04_1.pdf（アクセス日：2015年11月1日）
(2) 専修学校設置基準においては、8分野（工業、農業、医療、衛生、教育・社会福祉、商業実務、服装・家政、文化・教養）ごとに規定している。
(3) 専門学校の評価項目・指標等を検討する際の視点となる例　「専修学校における学校評価ガイドライン」(2013)文部科学省ウェブサイト　http://www.mext.go.jp/component/a_menu/education/detail/__icsFiles/afieldfile/2014/05/26/1348103_04_1.pdf　pp. 30-41（アクセス日：2015年11月1日）
(4) 高等専修学校の評価項目・指標等を検討する際の視点となる例　「専修学校における学校評価ガイドライン」(2013)文部科学省ウェブサイト　http://www.mext.go.jp/component/a_menu/education/detail/__icsFiles/afieldfile/2014/05/26/1348103_04_1.pdf　pp. 42-54（アクセス日：2015年11月1日）
(5) 「教育の内部質保証構築に関するガイドライン（案）」(2013) 独立行政法人大学評価・学位授与機構ウェブサイト　http://www.niad.ac.jp/n_kenkyukai/no13_20130321_gaidorain_6.pdf（アクセス日：2015年11月1日）
(6) 「専修学校職業実践専門課程第三者評価試行　評価基準要綱」(2015) 一般社団法人専門職高等教育質保証機構ウェブサイト　http://qaphe.jp/hyoukakijun.pdf（アクセス日：2015年11月1日）
(7) 「専修学校職業実践専門課程第三者評価試行　自己評価実施要項」(2015) 一般社団法人専門職高等教育質保証機構ウェブサイト　http://qaphe.jp/jikohyouka.pdf（アクセス日：2015年11月1日）
(8) 「専修学校職業実践専門課程第三者評価試行　評価実施手引書」(2015) 一般社団法人専門職高等教育質保証機構ウェブサイト　http://qaphe.jp/hyoukajissi.pdf（アクセス日：2015年11月1日）

第4章

資料・データの収集・分析と情報公開

　内部質保証システムが有効に機能するか否かのポイントは、資料・データの収集や分析です（図2-5、p.101）。資料・データの収集はもちろん、それらの分析や他学校とのベンチマークも自らの現況を理解するうえで不可欠な作業です。基礎的な資料・データの収集・分析と、それらに関する情報公開が、わが国の高等教育機関の弱点の一つといわざるをえない状況です。

　大学評価が進むなかで、大学関係者の「評価疲れ」が指摘されています。「評価疲れ」の原因は、いくつか考えられますが、最大の原因の一つは、評価や質保証のために必要な資料・データの組織的な収集・蓄積の体制が未整備なためと考えられます。評価作業の直前になって、資料・データの収集作業が集中的に行われる傾向が出ています。日常から着実に収集されるべき資料・データを、集中的に収集するには莫大なエネルギーと努力が必要となります。また、資料・データの蓄積が不十分なために、自らの現況を分析する作業も十分にはできない状況です。このために、評価担当者に「徒労感」が残り、これが「評価疲れ」の大きな原因となっているものと思われます。

第1節　定量データによる教育の特徴の把握

　定量データは、学校の現状を社会に示すために重要であるとともに、評価作業のためにも不可欠なものです。評価には二つの作業があります[1]。

　第一は測定作業です。これは、教育の状況や、活動によってえられた成果・効果を測定する行為です。すなわち、教育の実施によって、一定期間のうちに、どのくらいの人々にサービスを提供できたのか、サービスを受けた人々の状態がどの程度変化したのかなどを確認するための作業です。これに

よって、教育の実施状況や、サービスを受けた人々の変化に関する情報やデータを入手することができます。日常から、これらの情報やデータを収集・整理してデータ化しておくことが肝要です。測定作業は、できるだけ客観的であることが求められます。

　第二は判断作業です。これは、教育が、成功しているのか否か、期待どおり（あるいは想定どおり）に進んでいるのか否かなどを判断する行為です。この判断をするためには、資料・データが必要であり、この根拠となる情報を提供するのが測定作業です。この判断の過程で、なぜ成功しているのか、なぜ期待どおりには進まなかったのかなどの原因を考えることが重要です。この原因がわかれば、より効果的な教育を進めるためのポイントが理解できることになります。もし、うまく進んでいないのであれば、原因を明らかにすることによって、改善点を見いだすことができるでしょう。判断作業では、主観的な側面がより強くなりますから、具体的な基準や合格水準値などが明確に設定されている場合には、判断作業の客観性が高まることになります。

1．データに基づく分析の優位性

　学校をとりまく競争的環境は、学校が個別に活動する教員らの集合体であるだけでなく、組織として計画を立て、戦略的に資源を獲得し、学生を惹きつけることを求めています。そこでは、教育活動の課題や特徴を組織レベルで把握することが不可欠です。

　そのなかで、教育活動に関する定量データを活用することが期待されます。定量データも元は教員や学生などの個人の活動から生まれるものですが、学校、学科など異なるレベルへと容易に集計でき、組織としての集合的な性質の把握が可能です。それにより、個人ではなく組織として修正すべき課題などを検討することにつながります。

　定量データの収集・集計は比較的容易かもしれませんが、その解釈は必ずしも簡単ではありません。「卒業率が◯％」という数字をみても、それだけ

では、その値が高いのか低いのかすら解釈できないでしょう。そのため、データを何らかの参照基準と比較する作業が不可欠となります。

参照基準には、いくつかのものが設定できます。第一は、学校が独自に設定した目標値を基準とするものです。その比較により目標・計画等の進捗管理ができます。第二は、過去の一時点の値を参照基準として比較します。これにより期間内の変化や向上度を測定できます。この二つは、学校が自らデータを収集し、分析が可能なものです。

一方、個別の学校では取得が難しい参照基準もあります。第三として、特定の他学校の値を基準とする場合があげられます。競争相手や優良例と認識している学校、特定の施策の実施状況が異なる学校との比較を行い、今後の改善策を検討します。第四には、より一般的に学校群の平均値等を基準として、分布の中での自学校の特徴を明確化します。これら二つの比較を行うには、学校間の協力やインフラが必要となります。たとえば、アメリカ合衆国などでは公開されたデータベースが存在し、比較分析が可能になっています[2]。

そのようなインフラは、日本では十分には整備されてきませんでした。中央教育審議会の部会でも情報公開のあり方が議論されているなど、今後、既存の公開・非公開のデータベースの調整や高等教育機関自身が公表する情報の共通化が進められていくと思われます。その整備と並行して、学校や質保証機関などにおいては、データを活用した分析を試行していくことが期待されます。ランキングのような形で外部から一元的に序列化されるのではなく、学校自らが、その改善のためにいかに比較するか、あるいは限界はどこにあるのかを試行錯誤していくことが求められます。

以下では、大学評価・学位授与機構（以下「機構」とよびます。）が、2007年より運用を開始した「大学情報データベース」のデータを用いて、学部や学科単位で分析したときに、どのような特徴や課題がみえてくるかについて、例をあげて説明します[3]。

2．教育成果の基盤的指標による組織レベルの診断

　大学の教育活動に対して、近年、学修成果を検証することへの要請が強まっており、在学生・卒業生・雇用者へのアンケートや、工学分野などでの共通テストの実施などの試みが始まっています。一方で、このような「アウトカムズ」の測定に先だって、どの程度の学生が適切な期間で卒業し、どの方面へ進んでいるかという「アウトプット」に関する基礎的なデータがなければ全体的状況を把握することはできません。

　しかし、これらのデータは、これまで十分には活用されてきませんでした。その原因の一つは、前述のように比較できる参照基準がなく、解釈しにくかったことがあげられます。それに加えて、卒業率については、相異なる二つの解釈が存在し、活用を難しくしてきました。一つの見方は、アメリカ合衆国の大学ランキングなどでみられるように、標準修業年限内での卒業率が高いほうが良いと仮定し、その値が低ければ学習指導やキャリア指導の不備、教育プログラムの量や難易度が不適切ではないかと考えます。もう一つは、卒業率が高い場合に、学位を授与するにあたり、妥当な能力を有する者のみを卒業させているかを疑問視されます。わが国の大学は卒業・修了率が国際的にも高く、出口管理の厳格化が課題です。

　そのために、卒業判定の方法や、学修成果を示す答案や卒業論文などの定性的な情報とあわせて解釈する方法が考えられます。しかし、それには多くの労力がかかります。定性的な情報だけでなく、卒業後の進路状況や資格取得状況、あるいは留年の分布状況などの関連する定量データを総合的にみて、教育の全体状況を把握することも必要でしょう。

　そこで、標準修業年限内卒業率と、卒業者のうちで進学・就職した者の割合との二つの指標を用いて日本の国立大学の状況を分析してみます。本来、標準修業年限内卒業率は、入学者のうちで年限内に卒業した者の割合になりますが、データの制約から、ここでは卒業者のうちで年限内に卒業した者の割合を用います。二つの指標を二軸に用いて学科をプロットし、学科の傾向

を図2-6のように四つに分けることができると仮定します。

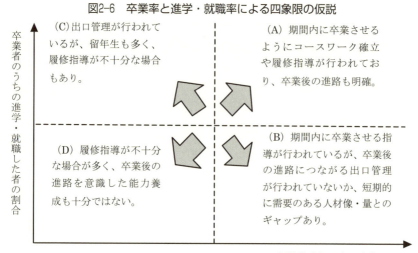

図2-6　卒業率と進学・就職率による四象限の仮説

(A)に入る学科は、標準修業年限内で卒業し、卒業後の進路決定状況は良好であるため、出口管理が行われ、適切な履修指導などを行い、卒業後に必要とされる能力を学生が獲得している可能性が高いと考えられます。一方、(B)に入る学科は、進路が決まらない卒業生が多いため、卒業後の進路に必要な能力が不十分なまま卒業させていることや、卒業生の量や能力が短期的な社会的需要とは適合していない可能性が指摘できます。

(C)に入る学科では、卒業後の進路は良好であり、出口管理が行われている可能性があります。しかし、もし同一分野の中で(A)に入る学科が多数ある場合には、(C)は留年生が多く、履修指導や学生相談などの対策が求められるのでしょう。(D)は、留年して卒業する学生が多く、卒業しても進路が決まらない割合が高い学科です。そのため、進路に必要な能力が明確化されていない、あるいは、その能力を育成する教育や履修指導がなされていない可能性

があります。

具体的に、四つの分野について[4]、国立大学の学科をプロット（図2-7）してみると、分野によって、その分布状況が大きく異なることがわかります。

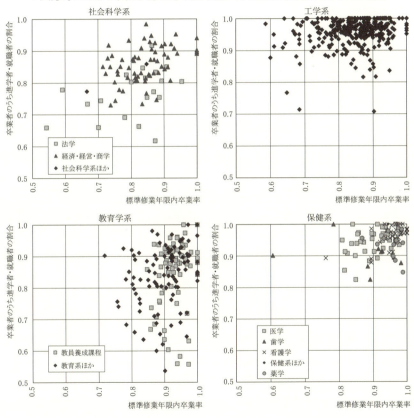

図2-7　標準修業年限内卒業者と進学・就職者の割合との関係
＊四分野における国立大学の学科の状況（学生数10名以上の学科を対象）

社会科学系では、標準修業年限内卒業率と進学・就職者割合に弱い相関関係があります。すなわち、学生を留年させずに卒業させている学科では、そ

の後の進路の決定状況もよいという傾向があります。卒業率が低い場合には、教育やキャリア指導などに問題がないかを確認することが望まれます。

工学系では、ほとんどの学科で卒業生の9割以上は進学・就職していますが、修業年については大きな差がみられます。留年者が多い学科においては、学習支援に問題がないかを検討することが望まれます。

教育系では、ほとんどの学科で8割以上の学生が4年以内に卒業しています。しかし、進学・就職した者の割合は、多様な結果となっています。教員養成・学校教育課程以外の課程についても、別のデータからは就職者の半数以上が教員以外の職についていることが明らかです。進学・就職割合が低い学科もあります。そのため、教員以外の進路への指導や能力育成が十分であるかを検討することが望まれるでしょう。

保健系では、卒業後の進路（研修医含む）は9割以上が定まっており、年限内で卒業している学生が多い学科がほとんどです。免許・資格取得に向けた教育課程が機能しやすい状況が推察されます。

以上のように、教育の定量データは、共通の定義のもとで比較を行うことにより、その特徴を明確化できる利点があります。確かに、教育活動の実態に迫る詳細な内容を、データのみからくみ取ることは難しいという限界はあります。しかし、そのような定性的な分析は時間と労力がかかるという短所もあります[5]。そのため、まずは定量データの分析から手をつけることが求められます。

第2節　情報発信と学校情報データベース

学校教育法改正（2007年）により、専修学校の教育活動等に関する情報の積極的提供が義務化されました。また、学校法人については、私立学校法の一部改正（2004年）により、学校法人の公益性を高め、自主的・自律的に管理運営する機能を充実させる観点から財務諸表等の利害関係者への閲覧に関する義務が課されています（表2-10）。

表2-10　専修学校における情報公開に関する関連法令

【学校運営状況の公開】
○学校教育法
第43条　小学校は、当該小学校に関する保護者及び地域住民その他の関係者の理解を深めるとともに、これらの者との連携及び協力の推進に資するため、当該小学校の教育活動その他の学校運営の状況に関する情報を積極的に提供するものとする。
※これらの規定は、幼稚園、中学校、高等学校、中等教育学校、特別支援学校、専修学校にそれぞれ準用する。［学校教育法第133条、学校教育法施行規則第189条等］

【財務諸表等の公表】
○私立学校法
（財産目録等の備付け及び閲覧）
第47条　学校法人は、毎会計年度終了後2月以内に財産目録、貸借対照表、収支計算書及び事業報告書を作成しなければならない。
2　学校法人は、前項の書類及び第37条第3項第3号の監査報告書（第66条第4号において「財産目録等」という。）を各事務所に備えて置き、当該学校法人の設置する私立学校に在学する者その他の利害関係人から請求があつた場合には、正当な理由がある場合を除いて、これを閲覧に供しなければならない。
→準学校法人へ準用［第64条第5項］

　大学については、教育研究の成果の普及および活用の促進に資するために、学校教育法第113条により、その教育研究活動の状況を公表することとされ、大学設置基準第2条により、刊行物への掲載、インターネットの利用等により広く周知を図ることができる方法によって、積極的に情報を提供することが求められています。さらに、社会への責任説明を果たすとともに、教育の質向上の観点から、学校教育法施行規則の改正（2010年）により、すべての大学が教育研究上の目的、基本組織、教員組織、授業科目・方法、学修成果に係る評価、校地・校舎、授業料等の状況についての情報公開が義務化されています（学校教育法施行規則第172条の2）。さらに、学生が修得すべき知識や能力に関する情報についての公表は、努力義務となっています。

1．情報提供の必要性と期待される効果

　専修学校の教育情報提供については、上述の大学のように法令で項目までは定められてはいませんが、ガイドラインとして提示されています[6]。専修学校における教育情報を公表する基本的考え方として、次の三点があげられ

ます。

(1) **公的な教育機関として公表が求められる情報**：専修学校は、学生や保護者が、進路選択・決定の上で適切に情報をえられるようにするとともに、学校教育法、私立学校法で定められた目的を実現するための教育機関として、その教育活動や取組について、社会への説明責任を果たすことが求められます。

(2) **専修学校の質向上の観点から公表が求められる情報**：基本的な教育組織等に関する情報のほか、教育活動等の情報の積極的な公表をつうじて、教育の質向上を図ることが重要です。学生がどのようなカリキュラムによって、知識・技術・技能を修得することができるかなど、具体的な教育活動等の情報をわかりやすく公表し、各学校の特色ある教育活動等を積極的に情報発信することが肝要です。

(3) **社会的評価の確立に資する情報の提供**：学校評価の結果も含め、専修学校に関する情報がわかりやすく示され、各学校の教育活動の状況や課題など、学校全体の状況が把握できるような情報が提供されていることが、関係業界等との連携・協力による専修学校の教育活動の改善や、専修学校に対する社会全体の信頼を得ていくうえで重要です。

専修学校においても、積極的な情報提供は、各学校の教育活動の改善への取組や、特色ある職業教育などを対外的にアピールすることにつながるとともに、抱えている課題を広く示すことにより、関係業界、所轄庁、地域住民、生徒、保護者等の理解や支援を得ることができる機会と捉えて取り組むことが期待されます。

情報提供・情報公開の制度が導入された後の実態調査[7]によると、教育活動に関する情報の公表については、「学校概要」、「教育目的・目標」、「授業科目・方法及び内容」、「授業料、入学金等」が多い一方で、「財務状況」、「学校評価の実施状況」については、きわめて低いことが判明しています。また、学校間で公開される情報のバラツキがあることも指摘されています。

専修学校の情報公開に係る制度的な枠組みに基づき、各学校で情報の公表

第4章 資料・データの収集・分析と情報公開

が進められていますが、各専修学校の特色を分かりやすく公表し、外部から適切な評価を受けながら、教育水準の向上を図っていこうとする観点がいまだ十分ではないことが窺えます。各学校の教育活動の状況が明らかとなるよう、学校の教育活動の改善において活用されるような仕組みを学校評価も含め、各専修学校の特色を踏まえて整備していくことが求められます。

2．データベースによる学校情報の発信と活用

各学校から発信された情報は、ステークホルダーが理解できて共有されなければ、意味をもちません。このためには、ある程度定められたフォーマット（以下「学校情報データベース」とよびます。）に基づいた情報が必要でしょう。一方、それぞれの学校の個性が明確にみえることも重要であることはいうまでもありません。学校から発信される情報は、両者のバランスが肝要です。

インターネットの普及により、いまや情報検索が即時にできるようになりました。わが国では、情報公開法が施行され（2001年）、公費が投入されている機関には、業務上の情報の社会への開示が義務づけられ、国民の関心も高まりつつあります。高等教育機関においても、自主的にホームページなどで積極的に情報が公開されています。一部の国では、教育機関の活動に関する情報を質保証機関に提供することを、質保証の枠組みのなかで義務づけ、社会に公開している事例もあります。諸外国の取組事例[8,9]と比較しても、わが国は、残念ながら、かなり立ち後れているという印象が否めません。

学校情報データベースが果たすべき役割として、ステークホルダーに対する情報の発信のみならず、学校自身が情報を分析し、その教育の質の向上・改善に資することが重要です（コラム2-10）。大学については、下記のように2014年から「大学ポートレート」が稼働しています。専修学校についても、同じようなデータベースを構築することが得策でしょう。

> **コラム 2-10**
>
> **学校情報データベースの役割**
> 1）**情報の公表**：学校進学希望者やその保護者などの学費負担者をはじめとする学校教育に関係・関心を有する者に分かりやすく**情報を提供**する。
> 2）**情報の活用**：学校への各種調査などの負担を軽減したり、教育の質の向上に資する**教育情報の分析**を促進する。

　国立大学の情報の収集については、大学評価・学位授与機構が、「大学情報データベース」により、国立大学法人評価に使用する情報の収集・蓄積を行ってきました。公立大学・公立短期大学については、公立大学協会および全国公立短期大学協会が、各大学の基本情報を収集し、それぞれのホームページ上で公表しています。私立大学・私立短期大学については、日本私立学校振興・共済事業団が、「学校法人基礎調査」等をつうじて、情報を収集し、事業団内に設置するデータベースに蓄積してきました。2014年度からは、国公私立のすべての大学が「大学ポートレート」をつうじて基本的な情報を公表することになりました[10]。

第3節　流動性の高い高等教育への対応

　日本の学校教育法に基づく学位は、博士、修士、専門職学位、学士および短期大学士の5種類です。一方、専門学校の修了者には、高度専門士あるいは専門士の称号が与えられます。この称号は、学校教育法で学位と規定されていないものであり、学位ではありません。法令上の学位は世界的通用性を保証するものですが、これらの称号はあくまで日本国内でのみ通用するものとされています。
　最近、国際的な高等教育の拡大と流動化によって、国内および国境を越えた機関間あるいはセクター間の移動が拡大しています。この場合には、移動

前の教育機関で獲得した単位の認定や、学位・学習履歴の認証が必要になります。また、学位・学習履歴の認証の視点も、教育のインプットから学習の成果（アウトカムズ）へ変化しています。そして、職業経験、企業研修、地域貢献ボランティアなども学修成果として単位認定される例もあります。このような現状を踏まえて、高等教育の資格（qualifications）と資格枠組（qualifications framework）に言及したいと思います。資格とは、学校教育、職業訓練、高等教育、生涯教育などにより獲得した技術、能力、知識の証明です。資格枠組は、生涯をつうじて、国を越えて、また国内において、学習者や就業者の学習・訓練および移動に有用な情報を提供することが期待できます（コラム2-11）。

コラム 2-11

資格枠組の効用
・**学習経路の明確化**
・異なる**教育セクター間の架橋**
・多様な**学習の成果の認証**

1．資格枠組

世界各国で、職業教育を含めた高等教育全体の資格枠組を構築する取組が行われています。ここでは、ヨーロッパにおける取組を紹介します。

ヨーロッパ31ヵ国の職業教育（Vocational Education and Training, VET）担当大臣と欧州委員会は、職業教育における「コペンハーゲン宣言」（2002年11月）を採択しました。これから始まった「コペンハーゲン・プロセス」は、高等教育分野においてヨーロッパの共通枠組を構築していこうとしている「ボローニャ・プロセス」と同様の取組を、職業教育分野においても実現をめざすもので、職業教育における「能力および資格の認証」や「質保証の促進」などの政策を推進しています。ヨーロッパ資格枠組（European Qualifications Framework, EQF）は、学習者や就業者の国境を越えた流動化や生

涯教育の促進をめざしています[11]。EQFの目的は、異なった国の資格システムとヨーロッパ共通の枠組とを関係づけることです。これによって、個人や雇用者が、異なった国や異なった教育・訓練システムの資格レベルを理解しやすくなります。EQFでは、資格取得に必要とされる学修成果を知識、技能、能力の三つに類別して、8段階のレベルで示しています[12]（表2-11）。EU加盟国は、それぞれの国内の資格枠組（National Qualification Framework,

表2-11　ヨーロッパ資格枠組（European Qualification Framework）

水準	知　　識	技　　能	能　　力
1	基礎的な一般知識をもっている。	簡単な課題を遂行するのに必要な基礎的な技能をもっている。	体系的な背景において直接的な指導を受けながら仕事または学習できる。
2	仕事または学習の分野における基礎的な事実的知識をもっている。	課題を実行し、かつ簡単なルールや道具を用いながら日常の問題を解決する上で、重要な情報を利用するのに不可欠となる基礎的な認知的技能および実践的技能をもっている。	監督を受けながら、ある程度の責任感をもって仕事または学習できる。
3	仕事または学習の分野における事実、原則、方法、一般的概念に関する知識をもっている。	基礎的な方法、道具、材料、情報を選別して用いる場合に、課題を片付け、かつ問題を解決するための認知的技能および実践的技能を一通りもっている。	仕事上の課題または学習上の課題を責任をもって片づけることができる。
4	仕事または学習の分野における理論的知識や事実的知識を幅広く多様にもっている。	仕事または学習の分野における特殊な問題を解決するための認知的技能および実践的技能を一通りもっている。	通常は予測可能だが変化する可能性のある、仕事または学習背景を規定する行動要因の中で、自主的に行動管理をすることができる。 仕事または学習の活動の評価および改善に対して一定の責任を引き受け、他者の日常の作業を監督することができる。

5	仕事または学習の分野における包括的で特殊な理論的知識および事実的知識ならびにこれらの知識の境界に対する意識をもっている。	抽象的な問題を創造的に解決する上で必要となる、包括的な認知的技能および実践的技能をもっている。	予測できない変化が起こるような仕事または学習背景の中で、指導し監督することができる。自らの成果と他者の成果を吟味し発展させることができる。
6	理論や原則に対する批判的理解を伴った、仕事または学習の分野における進歩的な知識をもっている。	専門的技能や技術革新の能力を自在に使いこなせることを証明し、かつ特殊な仕事および学習の分野における複雑で予測不可能な問題を解決するのに必要となる進歩的な技能をもっている。	複雑な専門的あるいは職業的な活動またはプロジェクトを監督し、予測不可能な仕事または学習背景において決定責任を引き受けることができる。個人および集団の職業上の発展に対する責任を引き受けることができる。
7	部分的には仕事または学習の分野における最先端の知識と結び付き、かつ技術革新的な思考的試みおよび／または研究の基盤となる、極めて特殊化された知識をもっている。ある仕事または学習の分野の問題に対する、また様々な分野に共通する事項への批判的な意識をもっている。	新たな知識を獲得し、新たな方法を開発し、様々な分野の知識を統合する上で、研究および／または技術革新の分野における特殊化された問題解決技能をもっている。	新たな戦略的アプローチを必要とする複雑で予測不可能な仕事または学習背景を監督し、形成することができる。専門的知識および職業実践への寄与および／またはチームの戦略的なパフォーマンスの反省に対する責任を引き受けることができる。
8	ある仕事または学習の分野における、また様々な分野に共通する先端の知識をもっている。	統合や評価を含め、研究および／または技術革新の分野における中心的な問題提起を解消し、また手元にある知識または職業的実践を拡大または再定義するための最も先端的で特殊化された技能および方法を身につけている。	仕事を含め、指導的な仕事または学習背景における新たなアイディアや手法を開発するにあたり、相当の権威、技術革新能力、自律性、学術と職業の不可侵性、継続的な参加が認められる。

参考資料：「諸外国における職業教育及び資格枠組みの動向」文部科学省ウェブサイト http://www.mext.go.jp/b_menu/shingi/chukyo/chukyo10/shiryo/attach/__icsFiles/afieldfile/2009/07/16/1278549_2.pdf（アクセス日：2015年11月1日）
注：欧州高等教育圏のための資格枠組みとの互換性については、欧州高等教育圏のための資格枠組の短期学修課程はEQF水準5に、第一学修（学士）サイクルはEQF水準6に、第二学修（修士）サイクルはEQF水準7に、第三学修（博士）サイクルはEQF水準8に相当します。

NQF）をEQFに参照づけることが推奨されています（図2-8）。これによって、異なる国の資格を比較しやすくなります。その結果、異なる国に移動した時に、重複した内容を学習することを避けることが可能になります。

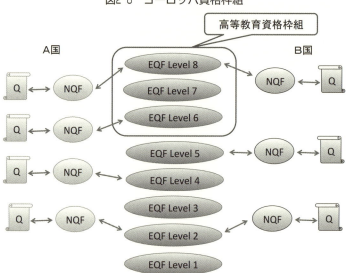

図2-8 ヨーロッパ資格枠組

知識社会が進展するとともに、知識・技能や人材需要が高度化し、高等教育機関に対しては、職業教育をつうじて、自立した職業人を育成することが求められています。また、学生の多様な職業教育ニーズや、さまざまな業種の人材需要に応えていくことも重要です。このため、職業教育体系を明確にする資格枠組を整備することが不可欠です。この資格枠組によって、人々が自らの能力、志向、適正にふさわしい学習の場を選択し、職業に必要な能力を習得できる環境を充実させることが、高等教育にとって重要な課題です。

2．学位・学習歴の認証

国際的な学生の流動化が拡大するなかで、外国の教育機関で学習した志願

者の学位・学歴や成績を適切に審査・評価することが重要になっています。日本の高等教育機関では、志願者の合否を筆記試験等の結果に基づいて判定するのが一般的であり、外国成績・資格の審査・評価は、個々の教職員の経験や知識に依存しているのが現状です。

欧米では、留学生や移民など外国の教育機関での学習歴をもつ外国人を多数受入れてきた歴史的背景があり、外国の教育機関における成績や資格を評価／認定するシステム（Foreign Credential Evaluation／Recognition, FCE／FCR）が発達しています[13]。また一般的に、高等教育機関では、志願者の選抜が、入学試験ではなく、志願者の高等学校での成績、志願動機のエッセイ、推薦状などを基に判断されています。このため、志願者の成績を適切に審査・評価することが志願者の合否を決定するうえで、重要な要素となっています。外国人志願者（留学生）の選抜についても、それぞれの教育機関で学歴・学位・成績評価を行うだけでなく、外国の成績・資格評価を実施する国あるいは第三者機関からの情報を活用することが一般的に行われています。

FCE／FCRとは、外国で発行された成績証明書、学位・卒業証明書、資格証明書などについて、その所有者を受入れようとしている国の教育機関あるいは外国資格評価機関（以下「評価機関」と略します。）において、当該国の教育制度や資格制度の下で、どの段階に対応するか、学業成績のどの評定に対応するか、あるいはどの資格と同等であるかを評価／認定することです。すなわち、外国で発行された各種証明書と当該国の制度との接続性と同等性を評価／認定するものです。当然、受理した各種証明書が真正であるか否かの審査も含まれます。

FCE／FCRには、専門的職業の資格評価／認定と学術的な資格評価／認定の二種類に大別できます。専門的職業の資格評価／認定は、母国で取得した専門的職業の資格が受入れ国の制度と照らして同種類の職業に従事できるかどうか、あるいは受入れ国での当該資格試験の受験資格があるかどうかを判断するものです（コラム2-12）。もちろん、受入れようとする機関自身の判断が大前提ですが、その判断を支援するための資料として提供されるものです。

> **コラム 2-12**
>
> FCE／FCRが提供する情報
> 外国で発行された学位・卒業証明書、成績証明書、資格証明書等について、その所有者を受入れようとする国の機関において、**当該国の教育・資格制度に照らして、**
> 　1）どの段階にみなされるか（**接続性**）
> 　2）どの評定にみなされるか（**学業成績**）
> 　3）どの資格と同等であるか（**同等性**）
> を評価／認定する。

　国内外の機関間移動、国際競争、グローバルな労働市場など、国境を越えた人々の移動性が高まり、移動する人とともに、その個人が取得した学業や職業に関する資格やその証明書も移動することになります。移動先では、それらの資格や証明書が適正に評価され、受入れられた人の能力や技能が教育機関や雇用先で正当に取り扱われなければなりません。FCE／FCRには、日本の高等教育機関で学んだ人々が、海外留学したり、海外で就職する際に、わが国の学位や資格が海外で適正に評価／認定されることを促進する機能もあります。また、国内で教育・訓練を受けた者と国外で受けた者との学歴・資格を比較可能のものとし、国際的な人材の質の確保に寄与することになります。さらに、ディグリー・ミルやディプロマ・ミルなど、各種証明書の偽造業者が観られる現状では、FCE／FCRの必要性が高まっています。

《注》
(1) 独立行政法人大学評価・学位授与機構編著『大学評価文化の定着—日本の大学教育は国際競争に勝てるか？』大学評価・学位授与機構大学評価シリーズ、ぎょうせい、2010年、pp. 68-78
(2) Schuh, J.H.（2002）"The Integrated Postsecondary Education Data System" in Bender, B.E. and Schuh, J.H.（eds.）Using Benchmarking to Inform Prac-

tice in Higher Education, New Direction for Higher Education, No. 118, Jossey-Bass Publishers, pp. 29–38

(3)　独立行政法人大学評価・学位授与機構評価研究部（2009）「国立大学の教育・研究活動に関する定量的データ・指標に関する基盤的調査」大学評価・学位授与機構ウェブサイト　http://www.niad.ac.jp/ICSFiles/afieldfile/2009/06/15/shihyo2009.pdf（アクセス日：2015年11月1日）

(4)　ここでは、平成20年度に実施した国立大学法人評価における現況分析で用いた10学系（学問分野）から分布が特徴的な4学系をとりあげています。

(5)　Yarrowは、実績指標等のデータにもとづいて比較を行うことを「メトリクス・ベンチマーキング」とよび、特定課題に焦点をおいてアンケート調査等から比較する「診断ベンチマーキング」や、業務プロセスを全体的に比較する「プロセス・ベンチマーキング」と区別して整理しています。Yarrow, D. (1999) "The Business Approach to Benchmarking—An Exploration of the Issue as a Background for Its Use in Higher Education" in Smith, H., Armstrong, M. and Brown, S. Benchmarking and Threshold Standards in Higher Education, Kogan Page, pp. 117–131

(6)　専修学校における情報提供への取組に関するガイドライン　「専修学校における学校評価ガイドライン」（2013）文部科学省ウェブサイト　http://www.mext.go.jp/component/a_menu/education/detail/__icsFiles/afieldfile/2014/05/26/1348103_04_1.pdf　pp. 65～70（アクセス日：2015年11月1日）

(7)　専修学校における学校評価情報公開関係資料　「専修学校における学校評価ガイドライン」（2013）文部科学省ウェブサイト　http://www.mext.go.jp/component/a_menu/education/detail/__icsFiles/afieldfile/2014/05/26/1348103_04_1.pdf　pp. 4～16（アクセス日：2015年11月1日）

(8)　独立行政法人大学評価・学位授与機構編著『大学評価文化の定着―日本の大学教育は国際競争に勝てるか？』大学評価・学位授与機構大学評価シリーズ、ぎょうせい、2010年、pp. 49–53

(9)　「諸外国の大学情報サイトにおける検索項目」（参考3）「諸外国の大学情報サイトの表示形式」（参考4）http://portal.niad.ac.jp/ptrt/pdf/no6_12_junbi_3_sankou.pdf（アクセス日：2015年11月1日）

(10)　独立行政法人大学評価・学位授与機構編著『大学評価文化の定着―日本の大学は世界で通用するか？』大学評価・学位授与機構大学評価シリーズ、ぎょ

うせい、2014年、pp. 159-164
(11) 「The European Qualifications Framework」European Commission ウェブサイト　http://ec.europa.eu/eqf/home_en.htm　(アクセス日：2015年11月1日)
(12) 「Compare Qualifications Framework」European Commissionウェブサイト http://ec.europa.eu/eqf/compare_en.htm（アクセス日：2015年11月1日）
(13) 独立行政法人大学評価・学位授与機構編著『大学評価文化の定着—日本の大学は世界で通用するか？』大学評価・学位授与機構大学評価シリーズ、ぎょうせい、2014年、pp. 169-174

第三部
大学等には質保証(評価)文化が定着している

第三部　大学等には質保証（評価）文化が定着している

　20世紀の社会全体は、いわゆる「右肩上がり」で成長しましたが、1990年代頃から、成長によるひずみが出始め、産業社会から知識社会への大転換（パラダイム・シフト）が進んだことは、第一部で解説しました。教育界でも、パラダイム・シフトが必要となりました。教育に対する社会のニーズの変化や18歳人口の減少などから、それまでの教育が飽和状態に達していました。そして、教育は「量の時代」が終わり、「質の時代」になったことを、高等教育に関係する人々は、自覚する必要があります。さらに、高等教育機関が組織として国際社会に対応する必要があること、すなわち、「知の共同体」から、いわゆる「知の協働・経営体」に変貌することが求められていることも認識する必要があります。筆者は、これを「平成の教育大改革」とよんでいます。平成の教育大改革のために、内部質保証と第三者質保証の両者が非常な重要な位置を占めています。

　平成の教育大改革は、大学設置基準の大綱化から始まり、認証評価制度の大学等への導入に至りました。そして、その最終段階は、わが国の高等教育を支えている専門学校教育の変革、すなわち専門学校に対する内部質保証および第三者質保証制度の導入と考えられます。これによって、日本の高等教育全体が国際的通用性を備えたものとなることが期待できます。

　第三部では、大学等への認証評価の導入（第1章）、認証評価の目的の達成状況（第2章）そして、いくつかの分野で実施されている分野別教育評価（第3章）について、概略を説明しますので、専門学校の内部質保証および第三者質保証システムの構築の参考にしてください。

第1章

認証評価

　平成の教育大改革の出発点は、1991年の大学設置基準の改正(いわゆる「大綱化」)です。大綱化では、設置審査等の事前規制の部分を緩和する替わりに、教育研究の質の保証を大学自身による「自己点検・評価」に求めました。これは、第二次世界大戦後から続いていた高等教育政策の大転換であり、「規制緩和」と「自己点検・評価」とがカウンターパートの関係にありました。この章では、大綱化前後の変化について簡単に概説しますが、その詳細については、他書[1]をご覧ください。

第1節　認証評価制度の導入

　大綱化によって自己点検・評価を義務（努力義務）づけられた大学は、自己点検・評価を実施する体制を整備し、教育研究の現状についてデータを収集・整理し、それらを公表する作業を始めました。1990年代後半にかけて多くの大学から、「○○大学の現状と課題」というタイトルで自己点検・評価の報告書が公表されました。すなわち、各大学は、まず現状を把握し、点検することから始めたわけです。現状把握にとどまらず課題探求にまで踏み込み、あるいは改善にまで取り組んだ数少ない例もありました。しかしながら、現状の分析や点検は行ったが、改善につながる自己評価にまでには至らなかったのが一般的な傾向でした。また、大学内の各部局の自己点検・評価書を集めて綴じただけに近いものも多く見られました。一言でいえば、各大学の作業は、自己点検にとどまって、自己評価ではなかったわけです。これらの原因の一つとして、大学教員が自己評価に馴染んでいなかったことが考えられます。また、画一的な評価基準によって行われることへの抵抗感が非

常に強かったものと思われます。しかしながら、画一的な評価基準に代わる独自の評価基準を自主的に作り出すほどには、自己評価の社会的必要性に対する自覚が、大学教員の間に必ずしも十分ではなかったものと思われます。また、設置基準の大綱化の趣旨（事前規制の緩和と引き替えに自己評価が求められた）が、大学教員に十分には理解されていなかったことも原因の一つと考えられます。

1．大学審議会答申（1998年）

大学が厳格な自己評価になかなか踏み込めないことへの不満から、評価に対する大学教員の意識改革の必要性が問われ始めた1998年（平成10年）に、『21世紀の大学像と今後の改革方策について』と題する大学審議会答申が公表されました[2]。この答申には、「競争的環境の中で個性が輝く大学」という副題がつけられています。この副題には、非常に深い意味が込められています。すなわち、18歳人口の減少による大学淘汰の可能性を暗黙の前提としたうえで、21世紀前半が「知」の再構築の時代であるという認識にたっています。そのうえで、各大学が横並びの画一的な高等教育を行うのではなく、お互いに切磋琢磨しながら、多様化・個性化を推進することが大学改革の基本的方向として提言されています（表3-1）。

表3-1　大学審議会答申（1998年10月26日）の内容概要

1．大学の個性化を目指す改革方策
　・課題探求能力の育成―教育研究の質の向上―
　・教育研究システムの柔構造化―大学の自律性の確保―
　・責任ある意思決定と実行―組織運営体制の整備―
　・多元的な評価システムの確立―大学の個性化と教育研究の不断の改善―
　・高等教育改革を進めるための基盤の確立等
2．多元的な評価システムの確立
　・自己点検・評価の実施、その結果の公表および第三者の検証を大学責務と位置づける
　・客観的な立場から透明性の高い評価を行うとともに、大学評価情報の収集・提供を行う第三者評価機関の設置
　・さまざまな評価情報に基づき適切な公的資源配分の実施

第1章 認証評価

　ここでは、教育研究の質的向上に資するための評価の必要性が強調されており、個性輝くための主要な手段として第三者による評価が位置づけられています。この考え方は、設置基準の大綱化がめざした方向を発展させたものです。すなわち、①大学の個性化と教育研究の不断の改善、および②公共的機関としての説明責任（アカウンタビリティ）の観点から、自己点検・評価のさらなる充実を求めるとともに、その自己評価結果を検証する第三者評価システムの導入が提言されています。設置基準の大綱化は画期的な政策転換だったわけですが、1998年の大学審議会答申は、さらに、その思想を先鋭化したものであり、それまでの制度を大胆に見直したうえで、大学改革を推進展開させることを求めています。そして、「多元的な評価システム」は、このような大学改革の取組を実効あるものとするために必要不可欠な仕掛けと位置づけています。

　この大学審議会答申を受けて、その翌年に、大学設置基準の自己点検・評価について、さらに一歩踏み込んだ改正が行われました。すなわち、大綱化の時点では、自己点検・評価は実施努力義務となっていましたが、これが実施義務となり、その結果の公表が義務化されました。さらに、自己点検・評価結果の外部者による検証の実施努力義務が加わりました（表1-10、 p.43）。

2．学校教育法の改正（2003年）

　大学評価・学位授与機構[3]は、発足と同時に、国立大学を対象とした「試行的評価」に取り組みました。第三者評価の実施機関として大学評価・学位授与機構が設立された背景には、各大学が改善につながるような厳格な自己評価になかなか踏み込めなかったことに対する不満がありました。それだけではなく、バブル崩壊後の経済低迷に伴う国の財政の悪化により行財政改革の圧力があったこと、さらには、21世紀の国際社会を生き抜くための新しい「知」の創生に対する期待が込められていることも忘れてはなりません。

　大学評価・学位授与機構による試行的評価が実施されている間も、高等教育の「質の保証」のシステムに関する検討が進められていました。中央教育

審議会答申（2002年8月）『大学の質の保証に係る新たなシステムの構築について』『大学院における高度専門職業人養成について』『法科大学院の設置基準等について』に基づいて、学校教育法が改正され、2003年4月1日から施行されました。この学校教育法に、認証評価制度（表3-2）の導入が盛り込まれ、この制度に係る改正は、2004年4月1日から施行されました。

表3-2　学校教育法（2003年）が定める大学評価制度

・大学は、その教育研究水準の向上に資するため、当該大学の教育及び研究、組織及び運営並びに施設及び設備（教育研究等）の状況について自ら点検及び評価を行い、その結果を公表（自己評価等）するものとする。
・大学は、前項の自己評価等に加え、当該大学の教育研究等の総合的な状況について、7年以内ごとに、認証評価機関による評価（認証評価）を受けるものとする。
・専門職大学院を置く大学にあっては、前項に規定するもののほか、当該専門職大学院の設置の目的に照らし、当該専門職大学院の教育課程、教員組織その他教育研究活動の状況について、5年以内ごとに、認証評価を受けるものとする。
・認証評価は、大学の求めにより、大学評価基準（認証評価機関が定める基準）に従って行うものとする。

　大学は、その水準の維持向上のために、①全学の教育研究等の総合的な状況（機関別認証評価）、および②専門職大学院の教育研究活動の状況（専門分野別認証評価）について、認証評価機関による評価を定期的に受けることが義務づけられています。対象となるのは、国公私立の設置形態を問わず、すべての大学（大学院を含む）、短期大学、高等専門学校です。また、評価を実施するのは、文部科学大臣の認証を受けた評価機関です。この法改正では、国が評価機関を認証し、認証を受けた機関による第三者評価を定期的に受けることが、すべての高等教育機関に義務づけられたわけです。

3．認証評価機関はどのようにして設置されるのか

　認証評価を実施する評価機関は、中央教育審議会の審査を経て、文部科学大臣の認証を受けなければなりません。この認証は、評価の基準、方法、体制などの点で、公正で適確に評価を実施できる一定の要件（表3-3）を満たしている評価機関に与えられます。2015年5月末現在で、機関別認証機関と

して 4 機関、専門職大学院の分野別認証評価機関として14分野について13機関が認証されています[4]。各大学（短期大学、高等専門学校、専門職大学院）は、各機関が公表している評価基準、方法、体制などを参考にして、評価を受ける機関を選択することになります。

表3-3　認証評価機関に求められる要件

- **評価結果の公表**：認証評価機関は、大学の求めに応じて、認証評価を行い、その結果を当該大学に通知するとともに、公表し、文部科学大臣に報告するものとする。
- **認証評価機関の認証**：評価機関の認証は、申請により行われるものとし、評価の基準や方法、体制等、公正かつ適確に認証評価を行い得る一定の要件（「機関認証基準」という）に適合している時は、認証されるものとする。
- **認証評価機関に対する措置**：認証評価の公正かつ適確な実施を確保するために、文部科学大臣から認証評価機関に対する報告や資料提出の求め、必要な改善の求め、さらには、認証の取り消しができるようにする。
- **審議会への諮問**：文部科学大臣は、上記の権限を行使するに当たって、予め、審議会（中央教育審議会）に諮問し、その意見を聴いて行わなければならない。

学校教育法第69条を参照にして作成

　認証評価は、「文部科学大臣に認証された評価機関による評価」が義務づけられたのであって、各高等教育機関に「適格認定（accreditation）が義務づけられたのではない」といえなくはありません。さりとて、認証評価によって、高等教育機関の質を保証するという方向は明らかですし、第三者評価による「質の保証」は国際的にも重要視されています。また、「事前規制から事後チェックへ」といわれているように、設置基準の運用を柔軟化したうえで「質の保証」をするためには、適格認定という要素が入ることは否定できません。しかしながら、強調したいことは、いわゆる横並び的な画一的な適格認定ではないということです。認証評価では、あくまでも当該の高等教育機関の掲げる目的に照らして、そこで実施されている教育研究活動等の状況が適切か否かという判断をするわけです。それぞれの高等教育機関は、自ら掲げる目的をつうじて、その「個性」や「卓越性」を主張したうえで、自己点検・評価および第三者評価によって、そこで行われている活動を検証し、質の改善・向上に努めることになります。

第2節　機関別認証評価

機関別認証評価には、対象によって、大学、短期大学、高等専門学校の三種類があり、4機関がそれぞれ実施しています（表3-4）。それらの主要部分は三種類および4機関に共通ですので、ここでは独立行政法人大学評価・学位授与機構（以下「機構」と略します。）が実施している大学機関別認証評価について説明します。

表3-4　機関別認証評価機関（2015年5月末現在）

認証評価の種類	評 価 機 関 名
大学機関別認証評価	公益財団法人　大学基準協会 独立行政法人　大学評価・学位授与機構 公益財団法人　日本高等教育評価機構
短期大学機関別認証評価	一般財団法人　短期大学基準協会 公益財団法人　大学基準協会 公益財団法人　日本高等教育評価機構
高等専門学校機関別認証評価	独立行政法人　大学評価・学位授与機構

機関別認証評価は、わが国の大学における教育研究水準の維持および向上を図り、その個性的で多様な発展に資することを目的としています（コラム3-1）。

> **コラム 3-1**
>
> **大学機関別認証評価の目的**
> ・大学評価・学位授与機構が定める大学評価基準に基づいて、大学を定期的に評価することにより、大学の教育研究活動等の**質を保証**する。（Accreditation）
> ・評価結果を各大学にフィードバックすることにより、各大学の教育研究活動等の**改善に役立て**る。（Evaluation）
> ・大学の教育研究活動等の状況を明らかにし、それを社会に分かりやすく示すことにより、公共的な機関として大学が設置・運営されていることについて、**広く国民の理解と支持**が得られるよう支援・促進する。（Accountability）

　現在、大学の第三者評価が国際的にも重要視されています。諸外国の第三者評価制度をみると、それぞれの教育制度によって、第一の"Accreditation"と第二の"Evaluation"に対する比重の置き方が異なっています。わが国の認証評価は、両者が同じような重みで考えられていることが特徴としてあげられます。

1．基本的方針・特色

　機構が実施する機関別認証評価の基本的方針や、その特色は、次のようにまとめられます[5]。

　大学評価基準に基づく評価：これは、機構の評価の特色というよりは、機関別認証評価自体の枠組みです。機構が定めた大学評価基準に基づき、各大学の教育研究活動等の総合的な状況について、基準を満たしているかどうかの判断を中心とした評価を実施します。基準を満たしているか否かの判断は、制度的に求められているものです。しかし、機構の認証評価の特色として、それぞれの大学における活動の「優れた点」や「改善を要する点」を記述によって指摘することです。この記述によって、それぞれの大学で行われている活動の質を保証すると同時に、改善を要する点を指摘することによっ

て、活動の質の改善・向上に資することになります。

教育活動を中心とした評価：21世紀は知識社会といわれ、科学技術や学術活動を支える人材を養成し、確保することが重要視されています。教育が重要視されている現在、機構では、評価の国際的動向を勘案し、教育活動を中心として大学の教育研究活動等の総合的な状況の評価を実施します。このように、機構の実施する認証評価は、大学の総合的な活動状況について「正規課程における教育」活動を中心として評価を行いますが、それぞれの大学の個性を伸長し、特色を明確にするため、選択評価「研究活動」「地域貢献活動」および「教育の国際化」の側面から、大学の活動の評価も実施しています。

各大学の個性の伸長に資する評価：認証評価は、大学評価基準に基づいて実施しますが、その判断にあたっては、各大学の個性や特色が十分に発揮できるよう、教育研究活動等に関して各大学が有する「目的」を踏まえて実施します。このため、基準の設定においても、各大学の目的を踏まえた評価が行えるような配慮がしてあります。

自己評価に基づく評価：認証評価は、各大学の教育研究活動等の個性化や質的充実に向けた大学の主体的な取組を支援・促進することが目的です。このためには、それぞれの大学における自己評価が出発点でなければなりません。透明性と公正性を確保しながら、評価を実効あるものとして実現していくためには、機構の示す『大学評価基準』および『自己評価実施要項』に基づき、大学が、まず自ら評価を行うことが重要です。機構が行う評価は、大学が行った自己評価の結果を分析し、その結果を踏まえて実施します。

ピア・レビューを中心とする評価：大学で行われている教育研究活動等の内容は、定量（数量）的に表されるものは少なく、大部分は定性的なものです。また、数量的なデータだけでは教育研究の成果を表すことはできません。言葉を換えれば、「質」を重視した評価が不可欠です。また、教育の成果は、長時間を経たうえでないと見えてこない内容も多くあります。したがって、評価は、諸活動のアウトカムズ（達成を示す成果）について行うのが基本ですが、インプット（組織編成および人的・物的資源などの投入）や

アクション（教育課程、教育環境および提供するサービスの展開）について
も評価する必要が生じてきます。このため、大学の教育研究活動等を適切に
評価するためには、大学の教員およびそれ以外の者であって大学の教育研究
活動に関して高い識見を有する者によるピア・レビューを中心とする評価を
実施します。

透明性が高く公正な評価：もっとも重要な点は、意見の申し立て制度で
す。これは、評価結果を確定する前に、評価結果を対象大学に通知し、その
内容に対して意見の申し立ての機会を設けてあります。申し立てがあった場
合には、再度審議を行ったうえで、最終的な評価結果を確定します。評価結
果を公表する時には、申し立て内容も併記する形で行います。また、「基準
を満たしていない」との判断に対する意見の申し立ての審議にあたっては、
評価委員会のもとに申し立て審査会を設置し、審議を行ったうえで、評価委
員会で最終的に決定します。

開放的で進化する評価：意見申し立て制度を整備するとともに、評価結果
を広く社会に公表することにより、透明性の高い開かれた評価をめざしてい
ます。

国際通用性のある評価：大学のグローバル化が進展しつつある現在、認証
評価においても、国際通用性が求められおり、機構には、第三者評価機関と
して、国際的にも信頼されるような評価が期待されています。このことを踏
まえて、大学における内部質保証システム、学修成果、および教育情報の公
表を重視した評価を実施します。

2．評価基準

大学評価基準は、学校教育法、大学設置基準等関係法令への適合性を含め
て、大学の教育研究活動等の総合的な状況を評価するために、複数の基準か
ら構成されています（表3-5）。第1サイクル（2005～2011年度）の11の基準[6]
は、第2サイクル（2012～2018年度）では、10の基準に整理されています[7]。
第2サイクルの基準については、次節の認証評価の検証結果を基に、「内部

質保証システム」「学習成果」および「情報公開」が強調されています。

表3-5　大学機関別認証評価基準(独立行政法人大学評価・学位授与機構)

第1サイクル (2005〜2011年度)	第2サイクル (2012〜2018年度)
基準1　大学の目的	基準1　大学の目的
基準2　教育研究組織（実施体制）	基準2　教育研究組織
基準3　教員及び教育支援者	基準3　教員及び教育支援者
基準4　学生の受入	基準4　学生の受入
基準5　教育内容及び方法	基準5　教育内容及び方法
基準6　教育の成果	基準6　学習成果
基準7　学生支援	基準7　施設・設備及び学生支援
基準8　施設・設備	基準8　教育の内部質保証システム
基準9　教育の質の向上及び改善のためのシステム	基準9　財務基盤及び管理運営
基準10　財務	基準10　教育情報等の公表
基準11　管理運営	

　基準は、内容をいくつかに分けて規定して、基準ごとに、その内容を踏まえ教育活動等の状況を分析するための「基本的な観点」を設けています。それぞれの大学の目的によっては、基本的観点だけでは十分に自己評価できない場合もあり、独自の観点を設定することができます。

　大学で行われている教育研究活動等の「質の保証」が機関別認証評価の目的の一つですから、すべての大学を対象とする10の基準には、大学として満たすことが求められる内容が規定されています。基準ごとの自己評価の状況を踏まえて、大学全体として、その基準を満たしているかどうかの判断を行い、その判断の理由を記述します。機関別認証評価は、大学全体について行うものですが、必要に応じて学部・研究科ごとに分析、整理します。この場合には、学部・研究科ごとに分析したうえで、大学全体でどのような状況になっているかを分析する必要があります。基準を満たしているかどうかの判断は、個々の観点や内容ごとに行うのではなく、基本的な観点および大学が独自に設定した観点の分析状況を含めて、10の基準ごとに総合的に行います。

　大学全体として、すべての基準を満たしている場合に、機関としての大学が機構の定めた大学評価基準を満たしていると認め、その旨を公表します。

もし、一つでも満たしていない基準があれば、大学全体として大学評価基準を満たしていないものとして、その旨を公表します。この場合には、「追評価」という手続きが用意されています。すなわち、評価実施年度の翌々年度までであれば、満たしていないと判断された基準に限定して追評価を受けることができます。この追評価で当該基準を満たしていると判断された場合には、先の評価とあわせて、大学全体として大学評価基準を満たしているものと認め、その旨を公表します。

それぞれの基準を満たしているか否かの判断だけでは、認証評価の目的のすべてを果たしたことにはなりません。評価結果報告書では、基準を満たしているもののうち、その取組が優れていると判断できる場合や、基準を満たしてはいるものの改善の必要が認められる場合には、その旨を記述します。認証評価の第二の目的である「改善に資する」ためには、この「優れた点」や「改善を要する点」の記述が重要です。

3．実施体制、方法、スケジュール

評価を実施するにあたっては、国公私立大学の関係者および社会、経済、文化等各方面の有識者から構成された大学機関別認証評価委員会を設置します。そのもとに、具体的な評価を実施するために、評価部会を編成します。対象となる大学の教育分野や、その状況は多様です。したがって、評価部会の編成にあたっては、対象大学を構成している学部・研究科の状況に応じた各分野の専門家および有識者を評価担当者として配置しなければなりません。評価担当者は、国・公・私立大学協会はじめ経済団体等の関係団体から広く推薦を求め、そのなかから、対象機関の分野構成、地域性、性差などを考慮して、選考します。

評価担当者には、客観的な立場からの専門的な判断を基礎とした信頼性の高い評価を実施することが求められます。このため、評価担当者が共通理解の下で公正、適切かつ円滑にその職務が遂行できるように、認証評価の目的、内容、方法などについて十分な研修を実施します。機構には、2000年か

らの試行的評価の経験があり、この蓄積を基に研修プログラムが作ってあります。さらに、認証評価の成果や課題を絶えず分析し、その結果をプログラムに反映させる努力をしています。このように十分な研修を受けた評価担当者が評価を実施できるような体制が整備されています。

評価は、書面調査と訪問調査により実施します。書面調査は、各大学が作成する自己評価書の分析と、機構が独自に調査・収集する資料・データ等に基づいて実施します。この書面調査の結果は、訪問調査の約1カ月前までに対象大学に送付されます。その際、自己評価書で不明な点、資料・データの不足などについても通知します。これに対する回答は、訪問調査の約1週間前までに対象大学から送られてきます。これらを分析した後、評価部会のメンバーが訪問調査を実施し、書面調査では確認できない事項について調査します。

書面調査と訪問調査の結果は、部会で取りまとめたうえで、評価委員会が評価報告書案を作成します。対象大学に、これを送付し、対象大学は、この報告書案に対して意見があれば、約1カ月以内に申し立てを行います。その上で、評価委員会で評価報告書を確定し、対象大学およびその設置者に提供するとともに、社会に広く公表します。以上のプロセスを図3-1にまとめました。

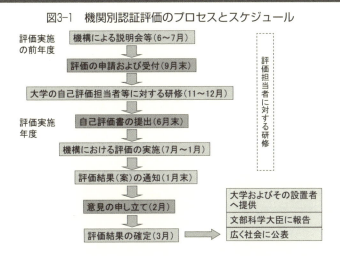

図3-1 機関別認証評価のプロセスとスケジュール

第3節　専門職大学院の専門分野別認証評価

　大学院における人材養成機能は、研究者の養成と高度専門的職業能力を有する人材の養成に大別されます。しかしながら、日本の社会では、アメリカ合衆国のプロフェッショナル・スクールのように、高度職業人の養成に特化した教育を行う大学院の設置に対するニーズは、必ずしも高くありませんでした。大学院の中には、工学系や薬学系の修士課程のように、社会的需要や科学技術の進展に対応して、研究者養成より技術者などの実務家養成に比重が大きくなっている例もありますが、全般的には、わが国の大学院は、研究者養成の役割を中心として発展してきました。

　ところが、1980年代からの科学技術の進展や急速な技術革新、社会経済の変化と多様化、複雑化、高度化、グローバル化などを受けて、大学院における高度専門職業人養成に対する期待が高まってきました。この社会的要請には、特定の職業に就いたり、職業資格を取得する者の養成に限らず、すでに職業に就いている者への継続教育や再教育の機会提供なども含まれていま

す。このような要請に応えるために、1999年に専門大学院制度が創設され、経営管理、ファイナンス、公衆衛生などの分野で積極的な教育が展開され始めました。このような取組をさらに促進し、各職業分野の特性に応じた柔軟で実践的な教育を展開するために、専門職学位課程をもつ大学院として「専門職大学院」が創設されました。専門職大学院には５年以内ごとに第三者評価（専門分野別認証評価）が義務づけられており、分野ごとに認証評価機関が設置されています（表3-6）。

表3-6　専門職大学院の分野別認証評価機関（2015年5月現在）

分　　野	評価機関名
法科大学院	公益財団法人　日弁連法務研究財団 独立行政法人　大学評価・学位授与機構 公益財団法人　大学基準協会
経営（経営管理、技術経営、ファイナンス、経営情報）	特定非営利活動法人　ABEST21
経営（経営学、経営管理、国際経営、会計、ファイナンス、技術経営）	公益財団法人　大学基準協会
会計	特定非営利活動法人　国際会計教育協会
助産	特定非営利活動法人　日本助産評価機構
臨床心理	財団法人　日本臨床心理士資格認定協会
公共政策	公益財団法人　大学基準協会
ファッション・ビジネス	公益財団法人　日本高等教育評価機構
教職大学院、学校教育	一般財団法人　教員養成評価機構
情報、創造技術、組込み技術、原子力	一般社団法人　日本技術者教育認定機構
公衆衛生	公益財団法人　大学基準協会
知的財産	特定非営利活動法人　ABEST21 公益財団法人　大学基準協会
ビューティビジネス	一般社団法人　専門職高等教育質保証機構＊
環境・造園	公益社団法人　日本造園学会

＊2011年２月18日一般社団法人ビューティビジネス評価機構として設立され、2012年７月31日文部科学大臣から専門職大学院のうちビューティビジネス分野の認証評価を行う認証評価機関として認証された。2014年９月24日に法人名を一般社団法人専門職高等教育質保証機構に変更。

1．法科大学院認証評価

わが国の法曹養成は、従来から司法試験という「点」のみの選抜によって行われていました。しかし、法学教育、司法試験、司法修習を有機的に連携させた「プロセス」としての法曹養成制度を整備することの必要性が叫ばれてきました。新しい法曹養成制度において求められる法曹に必要な資質として、司法制度改革審議会意見書（2001年6月）では、「豊かな人間性や感受性、幅広い教養と専門的知識、柔軟な思考力、説得・交渉の能力等の基本的資質に加えて、社会や人間関係に対する洞察力、人権感覚、先端的法分野や外国法の知見、国際的視野と語学力などが一層求められる」と提言しています。

このような社会のニーズに応えるために、中核となるものが法科大学院です。設置後の教育活動の質保証を目的とした第三者評価（適格認定）は、豊かな法曹を養成するために重要な制度です。したがって、法科大学院の第三者評価の仕組みは、この新しい法曹養成制度の中核的存在としての水準の維持向上を図るためのものでなければなりません。

このような法科大学院の第三者評価の重要な役割を意識して、法科大学院認証評価と機関別認証評価や法科大学院以外の専門分野別認証評価との相違点は、「適格認定」という要素が強調されていることです（表3-7）。このことは、「法科大学院の教育と司法試験等との連携等に関する法律」にも明確に謳われています。これは、法科大学院が上記のような経緯で設置されたことを考えると、当然のことでしょう。

表3-7　法科大学院認証評価の目的

- 法科大学院の教育活動等の質を保証するため、法科大学院を定期的に評価し、教育活動等の状況が評価基準に**適合している**か否かの認定をする。
- 評価結果を各法科大学院にフィードバックすることにより、各法科大学院の教育活動等の**改善に役立て**る。
- 法科大学院の活動について、広く国民の理解と支持が得られるよう支援・促進していくために、法科大学院の教育活動等の状況を明らかにし、それを**社会に示す**。

評価基準は、大学評価・学位授与機構のウェブサイトをご覧ください[8]。基準に適合していると認められた場合には、その法科大学院に適格認定が与えられ、これを「機構認定法科大学院」とよびます。なお、評価方法（書面調査と訪問調査）、評価体制、評価プロセス・スケジュール、追評価などは、機関別認証評価に準じます。

2．法科大学院以外の専門職大学院認証評価

法科大学院以外にも多様な分野で、専門職大学院が開設され、それらの認証評価を実施する評価機関が設立されています（表3-6）。法科大学院以外の専門職大学院の認証評価の目的は、機関別認証評価に準じたものとなっています。専門職大学院の重要なキーワードは、「理論と実務の有機的結合」であり、研究者教員と実務家教員の連携による教育が重視されます。一例として、ビューティビジネス専門職大学院の認証評価基準を表3-8に示します[9]。このように、学校教育法および大学院設置基準の適合性を最低要件として、①理論的教育と実務的教育の架橋に留意した教育課程の編成、その内容、水準などの適切性、②研究科が目的とする学修成果があがっているか、③内部質保証システムが整備され、機能しているか等について評価しています。なお、この評価基準は、独立行政法人大学評価・学位授与機構の『専門職大学院の評価基準モデル』[10]を参考に作成されました。評価方法（書面調査と訪問調査）、評価体制、評価プロセス・スケジュール、追評価などは、機関別認証評価に準じて実施されます。

表3-8　ビューティビジネス専門職大学院認証評価基準

基準1　目的および入学者選抜
　目的の明確性、学校教育法の適合性／目的の社会への公表／入学者受入方針（アドミッション・ポリシー）の明確性、公表・周知／入学者選抜の公正性／入学定員と実入学者数の適正性

基準2　教育課程
　理論的教育と実務的教育の架橋、教育課程の編成、教育課程や教育内容の水準／教育課程編成・実施方針（カリキュラム・ポリシー）に沿って教育課程を展開するにふさわしい授業形態、学習指導法等／学位授与方針（ディプロマ・ポリシー）に沿って成績評価や単位認定、修了認定成績評価・修了認定／履修指導および学習相談・助言

基準3　学習成果
　目的に照らして学習成果があがっていること／実務経験を教育に反映させ、ビューティビジネス分野のリーダー養成の成果があがっていること

基準4　教員組織等
　教員の配置／教員の採用および昇格等／教育の目的を達成するための基礎となる研究活動／教育支援者の配置・活用

基準5　学習環境
　施設・設備の整備・活用／図書、学術雑誌等の教育研究上必要な資料の整備・活用／学生相談・助言体制等の学習支援、経済支援／財政的基盤／管理運営のための組織、事務組織

基準6　教育の質の改善・向上
　教育の状況等について点検・評価し、その結果に基づいて改善・向上を図るための体制／教職員等に対する研修等、その資質の向上を図るための取組

　一般社団法人専門職高等教育質保証機構（当時、一般社団法人ビューティビジネス評価機構）は、2012年度（平成24年度）にハリウッド大学院大学ビューティビジネス研究科ビューティビジネス専攻に対する認証評価を実施しました。その評価結果は、2013年（平成25年）3月に、当該大学院および文部科学大臣に報告するともに、公表しています[11]。ここでは、「ハリウッド大学院大学ビューティビジネス研究科ビューティビジネス専攻は、ビューティビジネス評価機構が定める評価基準を満たしている。」と判断したうえで、「主な優れた点」「主な改善を要する点」および「更なる向上が期待される点」を指摘し、教育の改善・向上に資しています。さらに、ハリウッド大学院大学の国際性を勘案して、評価結果概要は、英語のみならず、中国語、韓国語にも訳して公表されています。

《注》

(1) 川口昭彦著（独立行政法人大学評価・学位授与機構編集）『大学評価文化の展開—わかりやすい大学評価の技法』大学評価・学位授与機構大学評価シリーズ、ぎょうせい、2006年、pp. 20-38

(2) 大学審議会（1998）「21世紀の大学像と今後の改革方策について—競争的環境の中で個性が輝く大学—（答申）」文部科学省ウェブサイト　http://www.mext.go.jp/b_menu/shingi/old_chukyo/old_daigaku_index/toushin/1315912.htm（アクセス日：2015年11月1日）

(3) 2000年（平成12年）に、学位授与機構を改組して、大学評価機関としての事業と従来の学位授与機構の業務を併せて実施する新機関「大学評価・学位授与機構」が発足した。大学評価・学位授与機構は、2004年4月から独立行政法人大学評価・学位授与機構として再出発した。

(4) 認証評価機関一覧　文部科学省ウェブサイト　http://www.mext.go.jp/b_menu/shingi/chukyo/chukyo4/houkoku/1299085.htm（アクセス日：2015年11月1日）

(5) 大学機関別認証評価実施大綱　独立行政法人大学評価・学位授与機構ウェブサイト　http://www.niad.ac.jp/n_hyouka/daigaku/__icsFiles/afieldfile/2015/05/20/no6_1_1_daigaku1taikou28.pdf（アクセス日：2015年11月1日）

(6) 川口昭彦著（独立行政法人大学評価・学位授与機構編集）『大学評価文化の展開—わかりやすい大学評価の技法』大学評価・学位授与機構大学評価シリーズ、ぎょうせい、2006年、pp. 86-88

(7) 大学機関別認証評価大学評価基準　独立行政法人大学評価・学位授与機構ウェブサイト　http://www.niad.ac.jp/n_hyouka/daigaku/__icsFiles/afieldfile/2015/05/20/no6_1_1_daigaku2kijun28.pdf（アクセス日：2015年11月1日）

(8) 法科大学院評価基準要綱　独立行政法人大学評価・学位授与機構ウェブサイト　http://www.niad.ac.jp/n_hyouka/houka/youkou/no6_2_kijunyoukou_27_3.pdf（アクセス日：2015年11月1日）

(9) ビューティビジネス専門職大学院認証評価　評価基準要綱　一般社団法人専門職高等教育質保証機構ウェブサイト　http://qaphe.jp/kijunyoukou1.html

(10) 専門職大学院の評価基準モデル（法科大学院を除く）（2007）　独立行政法人大学評価・学位授与機構ウェブサイト　http://www.niad.ac.jp/n_hyouka/jouhou/no6_12_senmon_kizyunmoderu.pdf（アクセス日：2015年11月1日）

⑾　ビューティビジネス大学院（専門職大学院）認証評価結果報告書（2013）一般社団法人専門職高等教育質保証機構ウェブサイト　http://qaphe.jp/result.html（アクセス日：2015年11月1日）

第三部　大学等には質保証（評価）文化が定着している

> # 第2章
>
> # 認証評価の検証

　認証評価事業を始めるにあたって、独立行政法人大学評価・学位授与機構（以下「機構」と略します。）は「開放的で進化する評価」を標榜していました。すなわち、開放的で進化する評価をめざして、評価の経験や評価を受けた大学や評価担当者などの意見を踏まえつつ、常に評価システムの改善を図る努力を継続的に行っていくことを約束しています。したがって、認証評価の検証は、非常に重要な事業であり、これからの評価事業の充実を図るために不可欠な作業です。

　機構は、2005年度（平成17年度）から大学および短期大学（以下「大学等」とよびます。）の認証評価を開始し、2011年度（平成23年度）をもって第1サイクルを終了しました。機構が第1サイクルで実施した認証評価について、評価対象校および評価担当者に対して毎年実施してきたアンケート調査結果の分析や評価結果の分析によって、検証を行いました。この章では、これらの検証結果の概要をまとめるとともに、認証評価の成果・課題について議論します。なお、検証結果の詳細は、『進化する大学機関別認証評価―第1サイクルの検証と第2サイクルにおける改善―』（平成25年3月）を参照ください[1]。

第1節　アンケート調査による検証

　第1サイクルで機構の認証評価を受審した大学等は145校で、それらのうち、131大学、13短期大学が機構の定める大学評価基準を満たしており、1大学が機構の定める大学評価基準を満たしていないとの評価結果となりました。

第2章　認証評価の検証

1．認証評価の効果と影響

　認証評価を受けた大学等および評価担当者に対するアンケート調査は、選択式回答（5段階・2段階）および自由記述からなっており、回収状況は、大学等145校中143校（99％）、評価担当者426名中312名（73％）でした。

　認証評価の三つの目的（コラム3-1、p.133）すなわち、「質の保証」「改善の促進」「社会の理解と支持」が達成できたのか、どのような効果・影響を与えたのか、また評価結果をどのように活用しているかについて検証しました。評価の目的の達成状況については、大学等に質問したところ、図3-2に示したとおり、「質の保証」「改善の促進」については、肯定的な回答が約80％に達しています。これに対して、「社会の理解と支持」についての肯定的な回答は、約50％と前二者に比べて低い値となっています。評価担当者への質問においても、ほぼ同様の結果となっています。この結果から、機構の掲げる認証評価の三つの目的のうち、「質の保証」および「改善の促進」については概ね達成できたものと考えられますが、「社会の理解と支持」については、さらなる工夫や努力が求められると考えられます。

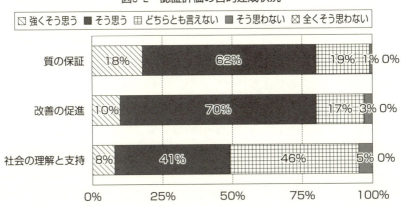

図3-2　認証評価の目的達成状況

第三部　大学等には質保証（評価）文化が定着している

　大学等に対するアンケート調査では、認証評価を受審するにあたって、"自己点検・評価"を行ったことによる効果・影響、および"認証評価結果"を受けたことによる効果・影響について、質問しています。これらのなかで、「教育研究活動等について全般的に把握することができた」および「教育研究活動等の今後の課題を把握することができた」についての肯定的な回答（90％以上）がみられます。「教育研究活動等の改善を促進した」も肯定的な回答（80％程度）でした。「評価の考え方や評価方法に関する教職員の知識や技術が向上した」、「マネジメントの改善を促進した」、「将来計画の策定に役立った」、「自己評価を行うことの重要性が教職員に浸透した」、「個性的な取組を促進した」、「各教員の教育研究活動等に取り組む意識が向上した」、「教育研究活動等を組織的に運営することの重要性が教職員に浸透した」についてもある程度肯定的な回答（約70％）が得られています。これらの結果、「実態の把握」、「課題の把握」には自己点検・評価の過程が重要であること、一方、改善促進や組織の運営改善に向けて教職員の意識変化を引き起こすには、学内の取組に加えて、"外部から指摘される"ことが一つの圧力やインセンティブとして機能しているものと考えられます。したがって、自己点検・評価を促した意味も含めて、認証評価は大学等の「質の保証」「改善の促進」に有効であったといえます。

　自由記述には、「自己評価作業に関わった教職員、役員については、評価作業および評価結果を受けることにより、"教育研究活動を組織的に運営することの重要性"、"自己評価を行うことの重要性"が認識されたという効果があったが、一般教職員にまで及んでいない」との意見が少なからずみられ、これが第1サイクルを終えての大学等の現状と思われます。

　大学等における評価結果の参考度（図3-3a）については、肯定的な回答は約95％ときわめて高い結果となっています。また、「改善を要する点」として指摘された点については、約90％の大学等が「既に改善済み」または「改善予定」と回答しています（図3-3b）。

第2章　認証評価の検証

図3-3　評価結果の活用
（a．参考の程度）

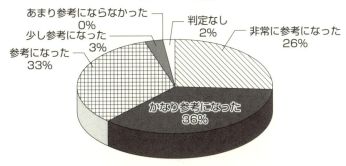

（b．改善取組状況）

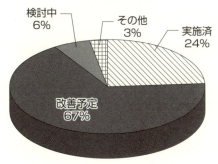

2．作業量とコストパフォーマンス

　「評価疲れ」が声高に叫ばれていますので、評価のための作業量とコストパフォーマンスの分析は必要です。大学等に対するアンケート調査において、作業量について、「自己評価書の作成」「訪問調査のための事前準備」「訪問調査当日の対応」に関して質問した結果を図3-4に示します。作業量が「大きい」（「とても大きい」と「大きい」の合計）とする回答は、それぞれ、93％、46％、27％であり、とくに、「自己評価書の作成」に関する作業量について

149

第三部　大学等には質保証（評価）文化が定着している

は、ほとんどすべての対象校が「大きい」としています。自由記述をみると、「根拠資料・データの収集」のための作業量が大きかったとの意見のほか、「学内調整（本部と各部局間）」のための作業量が大きかったとの意見が多く寄せられています。

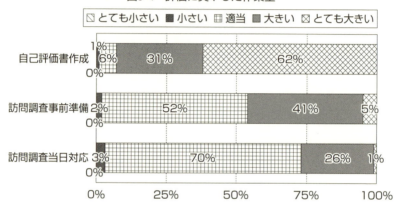

図3-4　評価に費やした作業量

　評価担当者が評価に費やした作業量や作業期間についても、書面調査の作業が大きく、作業期間も長いことが窺えます。ただし、自由記述においては、「自己評価書の出来具合によって大幅に作業量が異なる」との意見が少なからずみられ、大学等の自己評価書の完成度を高めるための努力が必要でしょう。

　上記のように、大学等と評価担当者ともに、評価に要した労力は大きいとしていますが、その労力が評価の目的に見合うものであったかどうか（コストパフォーマンス）については、双方から一定の評価を受けており、目的に概ね見合うものであったと考えられます（図3-5）。

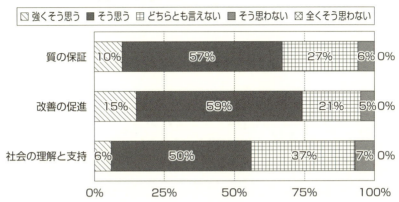

図3-5 評価作業のコストパフォーマンス

　自己評価書、書面調査、訪問調査、評価報告書などについてのアンケート結果から、評価担当者と大学等との間での共通理解に基づいて、認証評価が実施されていたことが窺えて、第1サイクルにおける評価プロセスは概ね適切であったと考えられます。また、評価基準や観点、説明会、研修会などについても、概ね適切であったと考えられます。したがって、第1サイクルの認証評価の評価基準、評価内容、方法などは、今後の専門学校の第三者評価システムの構築に参考になるものと思われます。

第2節　大学評価結果の分析

　認証評価では、機関全体が評価基準を満たしているか否かの判断だけではなく、各基準ごとに「優れた点」「改善を要する点」を記述しています。また、「優れた点」「改善を要する点」のなかから、主要な指摘については、「主な優れた点」「主な改善を要する点」として、報告書の概要に記述しています。ここでは、第1サイクルの評価報告書に記述されている「優れた点」および「改善を要する点」を分析してみます。

大学については、指摘した「優れた点」の総数は1,964件で、1校あたり平均で14.9件、「改善を要する点」の総数は296件で、1校あたり平均で2.2件でした。短期大学については、指摘した「優れた点」の総数は116件で、1校あたり平均で8.9件、「改善を要する点」の総数は42件で、1校あたり平均で3.2件でした。

「優れた点」として指摘した件数は、11の基準（表3-5、p.136）ごとに示しました（図3-6）。基準5「教育内容及び方法」における指摘数が最も多く（全体の約43%）、GP/COEなどの文部科学省の競争的資金を獲得したプロジェクト、教育課程編成・実施上の多くの取組が取りあげられています。ついで多かったのが、基準7「学生支援等」で（全体の約12%）、就職支援を含む生活支援、学習相談・助言・支援、経済支援、学習支援環境の整備などについて取りあげられています。基準9「教育の質の向上及び改善のためのシステム」では、学生による授業評価の授業改善への活用、多彩なファカルティ・ディベロップメント（FD）活動が注目されます。

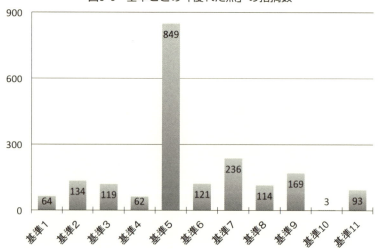

図3-6　基準ごとの「優れた点」の指摘数

「改善を要する点」として指摘された件数が多い基準は、基準4「学生の受入」です（全体の36％、図3-7）。この内容の大部分は、大学院課程の学生定員管理の問題です。指摘を受けた大学では、学士課程（学部）の定員管理は良好でしたが、大学院課程については、定員不足および／または定員超過の研究科を抱えています。基準8「施設・設備」に関しては（全体の約15％）、施設の老朽化・狭隘化や耐震化・バリアフリー化などへの対応の遅れが指摘されました。この対応については、「優れた点」として取りあげられた大学も多く、「施設・設備」については大学間の格差が目立ちました。ついで、基準3「教員及び教育支援者」に関する指摘が多く（約14％）、授業科目への専任教員の配置の不適切さが主に指摘されています。ただし、設置基準等関係法令違反の状況にまでは至っていないと判断されています。

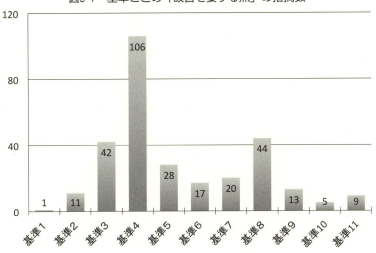

図3-7　基準ごとの「改善を要する点」の指摘数

第三部　大学等には質保証（評価）文化が定着している

第3節　認証評価の課題

　機関別認証評価では、「質の保証」および「改善に資する」という目的について、かなり成果があがっていることがわかりました。これに対して、「社会の理解と支持（社会的説明責任を果たす）」という目的の達成状況は、かなり課題を残しています。在学生や入学しようとしている学生・生徒あるいは社会の理解と支持への効果・影響については、残念ながら、必ずしも十分な成果が現れたとは言い難い状況です。たとえば、認証評価報告書や対象校の自己評価書は公表されていますが、マスメディア等の報道が適切であったとする回答は、対象校の6割台にとどまっており、理解が得られるよう工夫が必要です。最初に、この点について考察しましょう[1,2,3]。

1．社会的説明責任を果たすためには？

　社会的説明責任を果たすための最重要課題は、学修成果（アウトカムズ）の発信でしょう（第一部第2章第2節、p. 27）。インプット（投入されている資源、施設・設備など）やアクション（カリキュラム、教育内容・方法など）は、社会からみれば、あくまでも大学がもっている潜在的な能力でしかありません。このため、ランキングで象徴されるようなアウトプット（偏差値、卒業率などの数量的に示される指標）でもって、社会は大学を判断しているのです。大学在学中に「どのような能力、知識、技能、態度などを身につけることが期待できるか」という情報を発信できるのは教育機関自身であり、それを第三者として保証するのが認証評価機関です。

　しかしながら、第1サイクルでは、インプットとアクションに関する基準が、学修に関するアウトプットの測定やアウトカムズの分析よりはるかに重要視されていたことは否めません。前節で分析した「優れた点」や「改善を要する点」で指摘した内容もインプットとアクションに関するものが圧倒的に多く、アウトカムズに関する指摘は少なかったことも事実です。このよう

な事実から考えると、アカウンタビリティ（社会に成果を示す）と改善（質の向上に反映させる）という機能の両立は難しいのかもしれません。しかし、高等教育の評価においては、学修成果が重要視されていますが、その評価方法について確定的な方法は見出されていません。第2サイクルにおいて評価基準を見直すことは当然ですが、「いかに学修成果を測定するか？」という研究も求められます。

社会的説明責任を果たすためのもう一つの課題は、各教育機関の卓越性を如何に示すかということです。認証評価の目的の一つが、設置基準の適合性を確認することですから、これには、最低基準の指標が用いられます。しかしながら、社会が求めている判断は、その教育機関が「最低の要件を満たしている」という情報ではなく、その機関が「どのような分野で卓越しているのか」という情報のはずです。したがって、今後、卓越性指向の基準や評価内容・方法を認証評価に取り入れていくことが課題でしょう。

2．受審校と評価担当者との認識の差

対象校から提出された自己評価書については、自己評価書の記述の適切性、わかりやすさ等について、対象校と評価担当者の間で認識の差があることがわかります。自己評価書の添付資料については、対象校では、資料の収集、選択に困難を感じるという意見が少なくありません。一方、評価担当者からは、資料の不備・不足があったとする指摘や提示方法の改善を、求める意見が寄せられています。これに対しては、大学等が評価の経験を積むにつれて徐々に解消されていることは事実です。しかしながら、評価が始まった頃と比較して、自己評価書の明確さや、根拠資料の適切性については、大学間の差がむしろ開いているという印象が否めません。評価作業に費やした労力を分析してみると、評価に必要な資料・データの日常からの蓄積が、今後の重要課題と思われます。この問題は、評価作業にとどまらず、社会に対する情報発信という視点からも大いに改善が求められます。

第二点は、大学が自身のリソースを的確に把握する必要性です。組織が自

分自身のリソースを把握することは、至極当然のことですが、認証評価を実施した結果、この把握が必ずしも十分ではないと思われる例もみられました。認証評価は、機構が定めた評価基準にもとづいて実施していますが、それぞれの大学が定めている目的・目標に照らして判断することになっています。これは、認証評価によって、各大学の「個性化を促進する」という目的を達成するための重要な仕掛けです。この目的・目標は、自らのリソースを把握したうえで設定されなければなりません。この把握が不十分なまま、目的・目標が設定されると、非常に抽象的な表現になったり、一般的な内容を記述したりすることになります。この結果、この目的・目標をみても、その大学の特色や個性が読み取れないことになりかねません。評価担当者が「大学から提出された自己評価書がわかりにくい」と感じる原因は、もちろん根拠資料の不足などもあるでしょうが、目的・目標の設定にもあるかもしれません。

3．認証評価結果の国際的発信に向けて

最近、海外の大学と協定を結ぶ際に、「第三者評価機関の評価結果を知らせてほしい」という要望があったという話をよく聞くことがあります。知識社会では、大学から発信される情報のみならず、その大学の質保証に関する第三者機関からの情報発信が不可欠です。このような国際的流れのなかで、評価結果を単に英訳して発信しても使命を果たすことにはなりません。諸外国の高等教育制度が異なっており、これを十分理解したうえで、的確な質保証に関わる情報を発信しないと有意義なものにはなりません。

国際的に求められているものは、基本的には職業資格あるいは学位の保証であり、アクレディテーションとよばれる要素に関する情報です[3]。ある大学の学部（あるいは研究科）を卒業（あるいは修了）した学生が、どのような学力、技能、能力を備えているかということが理解できるようになっていなければなりません。また、留学生からみると、その大学では、どのような学修成果が期待できるかという情報が必要なのです。もちろん、このような

情報が大学自身から発信される必要がありますが、評価機関も在学中にどのような学修成果が得られたか（あるいは期待できるか）という内容の質保証をしなければなりません。

このような社会のニーズに応えるために、機関別認証評価の内容について、オーディットおよびアクレディテーションの機能をある程度明確に区別できるようにします。

オーディットとは、大学全体を対象として、教育・学習に関して内部質保証システムや改善・向上システムが機能しているかについて評価するものです。評価項目としては、次の5項目程度が考えられます。

(1) 教育の質に関する大学の使命・理想像・目的は何か。
(2) この使命・理想像・目的をどのように実現しようとしているか。
(3) この使命・理想像・目的の実現の程度をどのように測定しているか。
(4) 改善・向上をめざしてどのように取り組んでいるか。
(5) 内部質保証および改善・向上を進めるための実施・責任体制（設置基準の適合性も含む）

第二の機能であるアクレディテーションとは、対象大学について、設置基準や大学が自ら掲げている目的・目標に対する適合性あるいは質保証を行うものです。大学の規模や組織構成は多様であり、アクレディテーションを実施するためには、大学を構成している学部・研究科別の教育研究の状況を分析する必要があります。とくに、教育・学習の成果（outcomes）に重点をおいて評価するもので、評価項目としては、次の3項目程度が考えられます。これらの項目に関する基本的データは、データベースなどで公開されていれば、社会に対する説明責任も果たされることになります。

(1) 教育の実施体制、内容・方法など（設置基準の適合性、教員の科目適合性を含む）
(2) 学業の成果（学生による評価も含む）
(3) 卒業（修了）後の進路・就職の状況（関係者からの評価も含む）

《注》
(1) 『進化する大学機関別認証評価―第1サイクルの検証と第2サイクルにおける改善―』(2013) 独立行政法人大学評価・学位授与機構ウェブサイト http://www.niad.ac.jp/n_hyouka/jouhou/_ _icsFiles/afieldfile/2013/05/22/no6_12_soukatsu.daigaku.pdf（アクセス日：2015年11月1日）
(2) 川口昭彦著（独立行政法人大学評価・学位授与機構編集）『大学評価文化の定着―大学が知の創造・継承基地となるために』大学評価・学位授与機構大学評価シリーズ、ぎょうせい、2009年、pp. 79-84
(3) 独立行政法人大学評価・学位授与機構編著『大学評価文化の定着―日本の大学教育は国際競争に勝てるか？』大学評価・学位授与機構大学評価シリーズ、ぎょうせい、2010年、pp. 155-163

第3章

分野別教育評価

　多くの専門学校では、資格取得や検定合格を大きな学習目標としています。しかし、同じような学科名でも、学校によって目標とする資格や検定が異なる場合もあります。一つの機関（学校法人や専門学校）のなかでも、学科によって資格や検定が異なる場合も多くみられます。また、国家資格取得の場合でも、課程を修了したときに、「無試験で資格がえられる」「国家試験の受験資格がえられる」あるいは「（資格取得までに）実務経験が必要」など、取得条件が異なります。さらに、一部の学科が資格を認定する省庁の指定養成学科になっている場合もあり、国家資格を管轄する省庁からどのような認定を受けているかによって、同じ資格でも専門学校あるいは学科によって扱いが異なります。

　このように、専門学校は非常に多種多様であり、それぞれの学科に関連する法令等が異なることになります。したがって、分野（教育プログラム）ごとに質保証をしなければならない事態となることは避けがたいわけです。前章では、分野別質保証として、専門職大学院認証評価について記述しました。この章では、これ以外の分野別教育評価（とくに、学士課程レベルの教育プログラム評価・認定）として、技術者教育プログラム（第1節）、薬学教育（6年制）プログラム（第2節）および医学教育プログラム（第3節）について紹介します。

第1節　技術者教育プログラムの認証

　日本技術者教育認定機構（JABEE：Japan Accreditation Board for Engineering Education）（以下「JABEE」と略します。）は、技術系学協会と密

接に連携しながら、技術者教育の振興、国際的に通用する技術者の育成を目的として、技術者教育プログラムの審査・認定を行う非政府団体として設立されました[1]（1999年11月19日）。JABEEは、発足当初、学士課程レベルに対応する技術者育成のための基礎教育を対象としていました。さらに、学士課程レベルの認定に加えて、文部科学大臣から情報・創造技術・組込み技術・原子力分野の産業技術系専門職大学院の認証評価機関として認証され（2010年3月31日）、2010年度から上記三分野の専門職大学院認証評価も実施しています[2]。

　機関別認証評価は、大学、学部、学科などの教育機関の組織としての評価を行うものであるのに対して、JABEEの評価は、専門教育プログラムを対象としています。すなわち、学生個人の資格認定ではなく、内容と水準が国際的に通用する技術者の教育として適切かどうかの視点から行う教育プログラムの認定です。技術者教育の分野では国際的な同等性を確保することが重要です。そのため、JABEEは、技術者教育認定の国際的枠組み（エンジニアリングではワシントン協定、情報系ではソウル協定、建築ではUNESCO-UIA）に加盟しています。そして、それらの協定の考え方に準拠した基準で審査を行っています。

1．技術者教育プログラム認定の目的

　ここでいう「技術者教育」とは、工学教育のみならず、理学教育、農学教育などを含む幅広い高等基礎教育です（コラム3-2）。私たちは、人工的環境に囲まれており、「技術」の役割が今後ますます重要になります。また、わが国の従来の「工学教育」が知識教育に偏重しているのではないかという反省もあり、「技術に関わる人を育てる」という視点を重視して、「技術者教育」という言葉を使っており、従来の狭い技術者教育ではないことをJABEEは強調しています[3]。

コラム 3-2

技術者教育とは、
数理科学、エンジニアリング・サイエンス、情報技術などの知識・手法を駆使し、社会や自然に対する影響を予見しながら、
人類の生存・福祉・安全に必要なシステムを研究・開発・製造・運用・保全する専門職業すなわち技術業等のための**高等基礎教育**である。

技術者教育の認定とは、下記の監査と審査を行い、基準を満たしている技術者教育プログラムの公表によって、その教育プログラムの修了者が将来技術業等につくために必要な教育を受けていることを国際社会に向けて保証することです。なお、ここでいう「教育プログラム」とは、カリキュラムのみならず、教育方法、教育設備・環境、教員、評価等を含む全教育システムをさしています。

(1) 教育プログラムで技術者教育の質の保証が確実になされているかどうかの確認、すなわち、内部質保証システムの監査（Audit）
(2) 保証されている水準が定められた認定基準以上かどうかの審査

JABEEの目的は、その定款に「統一的基準に基づいて高等教育機関における技術者教育プログラムの認定を行い、その国際的な同等性を確保するとともに、技術者教育の向上と国際的に通用する技術者の育成を通じて社会と産業の発展に寄与すること」を定められており、具体的には、次のようにまとめられます。なお、認定を受けたプログラムの修了者は国家資格である技術士の1次試験を免除されます。

(1) 認定審査を実施し、認定されたプログラムを世界に公表する。
(2) 優れた教育方法の導入を促進する。
(3) 認定を通じて技術者教育の評価方法を発展させると共に、評価に関する専門家を育成する。
(4) 教育活動に対する組織の責任と個人の役割を明確にすると共に、教員の教育に対する貢献を評価する。

(5) ワシントン協定に加盟する。

2．基本思想と認定基準

JABEEの認定制度は、下記の基本思想に基づいて設計されています[3]。
(1) 大学の独自性・多様性・革新の障害にならないこと。
(2) 強制ではなく、当該学科・専攻・コース等の希望により実施すること。
(3) 認定基準やプロセスが公表されること（透明性の確保）。
(4) 権威ある中立的第三者評価であること。
(5) 認定されたプログラムを公表すること。
(6) 認定には有効期限があること。
(7) 公正な一貫性のある評価であること。
(8) 日本に適したシステムであること。
(9) 無用の仕事を作らず、なるべく費用をかけないこと。
(10) 本システム自体も周期的に評価して見直すこと。

認定基準は、6項目から成り立っており、Plan-Do-Check-Actの順になっています（表3-9）。

表3-9　技術者教育認定基準（日本技術者教育認定機構）

基準1	学習・教育目標
基準2	学習・教育の量
基準3	教育手段（入学者選抜方法、教育方法、教育組織）
基準4	教育環境（施設・設備、財源、学生への支援体制）
基準5	学習・教育目標の達成
基準6	教育改善（教育点検システム、継続的改善）

とくに、基準1　学習・教育目標については、下記の補足によって、それぞれの分野で最小限身につけるべき専門的内容が要求されています。各プログラムでは、少なくとも(a)-(h)に対して具体的で適切な学習・教育目標を設定し、学生のみならず社会に広く公開することが求められています。

(a) 地球的視点から多面的に物事を考える能力とその素養

(b) 技術が社会および自然に及ぼす影響・効果に関する理解力や責任など、技術者として社会に対する責任を自覚する能力(技術者倫理)
(c) 数学、自然科学、情報技術に関する知識とそれらを応用できる能力
(d) 該当する分野の専門技術に関する知識とそれらを問題解決に応用できる能力
(e) 種々の科学・技術・情報を利用して社会の要求を解決するためのデザイン能力
(f) 日本語による論理的な記述力、口頭発表力、討議などのコミュニケーション能力および国際的に通用するコミュニケーション基礎能力
(g) 自主的、継続的に学習できる能力
(h) 与えられた制約の下で計画的に仕事を進め、まとめる能力

第2節 薬学教育(6年制)プログラムの認証

薬学教育評価機構(JABPE:Japan Accreditation Board for Pharmaceutical Education)は、6年制薬学教育の教育プログラム(カリキュラムだけでなく、すべての教育プロセスと教育研究環境を含みます。)の評価を行い、国民の保健医療、保健衛生、福祉に貢献することを目的とした一般社団法人です。

薬学教育6年制課程は、臨床に係る実践的な能力を育成すること、すなわち薬剤師養成を第一の目的として設置されました。医療現場の実践に携わる者以外に、製薬企業、研究機関などで医薬品研究開発などに関わる者などを、将来めざすとしても、まず、「医療現場を知る薬剤師」となることが6年制薬学教育の前提です。これによって、薬科大学・薬学部においては、2006年(平成18年)4月より、薬剤師養成を主たる目的とする6年制学科と創薬研究者などの養成を目的とする4年制学科が併設されました。6年制課程の設置にあたっては、付帯条件として、実務実習の実施、共用試験、第三者評価の実施が求められました。

それまでも薬学教育のあるべき姿について、日本薬学会が取りまとめた「薬学教育モデル・コアカリキュラム」と文部科学省の「実務実習モデル・コアカリキュラム」があり、これらが6年制課程設置の理論的根拠となっています。設置認可の過程では、これらに沿ったカリキュラムの設定が求められました。

このような過程で設置された6年制薬学教育に、「適格認定」としての第三者評価が求められることは当然の成り行きでした。そして、この評価は、大学全体の評価である機関別認証評価とは異なり、教育プログラムを評価（認定）する分野別評価です。さらに、この第三者評価は、「薬剤師養成に、なぜ6年制が必要なのか？」あるいは「どのような卒業生を送り出すのか？」などの社会の疑問に対して明確に応えることも求められています。

日本薬学会・薬学教育改革大学人会議・第三者評価検討委員会が第三者評価基準（案）を提示（2006年）して以来、関係者に対するアンケート調査などを経た上で、2008年12月に一般社団法人薬学教育評価機構（以下「薬学評価機構」と略します。）が設立されました[4]。薬学評価機構は、2011年4月からトライアル評価を実施し、2013年4月から本評価（7年間で1サイクル）を開始しています。

評価基準は、薬剤師養成課程として、満たすことが必要と考えられる要件、および当該学部・学科の目標に照らして、教育活動等の状況を多面的に分析するための内容となっています（表3-10）。さらに、基準（合計数：57）ごとに各基準に関する細則、説明、あるいは例示などを示した観点（合計数：176）が設定されています[5]。

表3-10 薬学教育（6年制）第三者評価　評価基準

大項目	中項目	基準数	観点数
教育研究上の目的	1　教育研究上の目的	1	5
薬学教育カリキュラム （基準の合計数：25）	2　カリキュラム編成	2	7
	3　医療人教育の基本的内容	8	25
	4　薬学専門教育の内容	4	9
	5　実務実習	9	29
	6　問題解決能力の醸成のための教育	2	9
学　生 （基準の合計数：17）	7　学生の受け入れ	3	8
	8　成績評価・進級・学士課程修了認定	6	17
	9　学生の支援	8	20
教員組織・職員組織	10　教員組織・職員組織	8	24
学習環境	11　学習環境	2	8
外部対応	12　社会との連携	2	8
点　検	13　自己点検・評価	2	7

　この評価基準からは、次のような特徴が読み取れ、教育プログラム評価・認定という目的が明確なことが理解できます[5]。
・大学全体の評価である機関別認証評価との可能な限りの差別化を図る。具体的には、経営、運営などは簡略化する。
・大学（あるいは学部、学科）設置後の「事後チェック」としての機能を重視する。
・教育カリキュラムに関連する事項を重視する。
・問題解決能力の育成を重視し、問題立脚型学習や卒業研究の義務化などを盛り込む。
・薬剤師試験のための予備校化の防止を図る。

　評価基準を構成する中項目ごとに、各大学から提出される自己点検・評価書に基づき、自己点検・評価の状況を評価し、適合水準に達しているかどうかの判断を行い、その理由を明らかにします[6]。この適合水準に達しているかどうかの判断は、訪問調査に基づく評価を含めて総合的に行います。改善

の必要が認められる場合や、その取組が優れていると判断される場合には、その旨を大学に通知します。対象大学が、すべての中項目について総合的に適合水準に達している場合に、「評価基準を充たしている」と認め、その旨を公表します。

対象大学の薬学教育プログラムが、評価基準のすべての中項目について総合的に適合水準に達していると判断した場合に「適合」と判定します。一部に問題があった場合には判定を保留し、評価を継続します。薬学教育プログラムとして非常に重大な問題があった場合には「不適合」と判定します。また、総合的に「適合」と判定された大学が、評価結果において「改善すべき点」を付された場合には、当該大学は指定された期限までに「改善報告書」を薬学評価機構に提出することとなっています。

第3節　医学教育プログラムの認証

アメリカ合衆国のEducational Commission for Foreign Medical Graduates（ECFMG）が、2023年以降アメリカ医科大学協会のLiaison Committee on Medical Education（LCME）が決めた評価基準、または世界医学教育連盟（WFME：World Federation for Medical Education）の基礎医学教育評価基準での認証を受けた医学部の卒業生以外には、ECFMG Certificate（臨床研修に入るときに必要な証明書）を出さないと宣言しました[7]。ECFMGは、外国の医学部卒業生がアメリカで医師として働くのに十分な医学教育を受けているかどうかを審議する機関ですから、この宣言は外国の医学部卒業生がアメリカで医師として働くことの条件を示したことになります。

このニュースが流れたときには、「黒船来襲」が如くセンセーショナルに伝えられ、わが国の多くの医学教育関係者に「国際認証」という言葉が広がったそうです[8]。しかし、ECFMGが要求していることは、医科大学・医学部が、その国の医療保健事情に沿って、国際的に認められた医学教育基準で、自己点検・評価を行い、外部評価を受け、その国の医学教育認証団体から医

学教育の質の保証を受けることです。ここでいう「認証」とは、医学教育の質保証の活動（内部質保証と外部質保証）を行っていることを自国内の第三者認証機関が認めることであり、その医科大学・医学部が内部質保証の活動による教育改善を実践していることを示すことにあります。

　ECFMGが求めていることは、統一的な国際基準で医学教育を評価するのではなく、それぞれの国（地域）の個性や特性を尊重しつつ、国際的に認められた方法によって、医学教育の質保証を行うことです。医学教育は、その国の患者のためにあるものですから、評価基準は、その国（地域）の医療のニーズ、文化・価値観に立脚したものでなければなりません。評価プロセスには、その国（地域）の特性を踏まえて「多様性」が盛り込まれていなければなりません。

　1980年代までの世界の医学教育は、きわめて伝統的なカリキュラムで行われていました[8]。ところが、医療に求められるニーズの変化、医療情報の爆発的増加、さらに医師としての適格性に欠ける者たちが起こしたスキャンダルなど、医学教育改革の機運が出てきました。世界保健機関（WHO：World Health Organization）とWFMEは、1984年から、世界という立場での医学教育改革の方向性の模索を始めました。WFMEが1998年に公表したPosition paper[9]に、医学教育の改善の手法として「認証：Accreditation」という言葉が登場しました。WHOとWFMEのガイドライン[10]では、WHOやWFMEが認証を行うのではなく、医科大学・医学部がある国（地域）の認証団体が行い、WHOとWFMEはその活動を支援する立場にあるとしています。

　日本では、最初に言及した「黒船来襲」が引き金となって、医学教育分野別質保証の必要性が認識され始めました。この背景には、患者や医師の国際間移動などの国際社会の動向に加えて、国内的にも医療の実践を学修成果においた医学教育であるべきとの考えが広がってきました。日本の医学教育を国際的基準に合致したものにしようとする努力は不可欠であり、医学教育学会はもとより、関連行政機関、諸団体が一丸となって取り組むべき課題です[8]。

第三部　大学等には質保証（評価）文化が定着している

　日本医学教育学会医学教育分野別評価基準策定委員会が、WFMEグローバルスタンダード2012年版に準拠した『医学教育分野別評価基準』[11]を提案し、これに基づいて試行的評価が実施されています。医師という世界に共通の専門職を育成する医科大学・医学部の教育が、国際的に認知されることは、今や国際動向です。医学教育分野別評価基準日本版は、このような視点で策定されています。医師養成は、学士課程（卒前）医学教育と卒業後の臨床研修によって行われます。さらに、日進月歩の医療技術に対応するためには、生涯学習の必要性も強調されなければなりません。したがって、医師養成の質保証は、卒前医学教育の質保証、卒後の臨床研修における研修成果の質保証および生涯学習の質保証の観点から総合的に考える必要があります。

《注》
(1)　一般社団法人日本技術者教育認定機構ウェブサイト　http://www.jabee.org　（アクセス日：2015年11月1日）
(2)　専門職大学院認証評価　一般社団法人日本技術者教育認定機構ウェブサイト　http://www.jabee.org/pgschool/（アクセス日：2015年11月1日）
(3)　JABEEと認定制度　一般社団法人日本技術者教育認定機構ウェブサイト　http://www.jabee.org/about_jabee/presen_future/（アクセス日：2015年11月1日）
(4)　一般社団法人薬学教育評価機構ウェブサイト　http://jabpe.or.jp/（アクセス日：2015年11月1日）
(5)　薬学教育（6年制）第三者評価　評価基準　一般社団法人薬学教育評価機構ウェブサイト　http://jabpe.or.jp/activity/pdf/hyoukakijyun_201110.pdf（アクセス日：2015年11月1日）
(6)　薬学教育評価　実施要項　一般社団法人薬学教育評価機構ウェブサイト　http://jabpe.or.jp/activity/pdf/jisshiyoko_2015.pdf（アクセス日：2015年11月1日）
(7)　ECFMG to Require Medical School Accreditation for International Medical School Graduates Seeking Certification Beginning in 2023（2010）ECFMGウェブサイト　http://www.ecfmg.org/forms/9212010.press.release.pdf（アクセス

日：2015年11月1日）
(8) 福島統（2014）日本私立医科学協会　医学振興　第79号　http://www.idaikyo.or.jp/igakusinko/79.pdf　pp. 2-5（アクセス日：2015年11月1日）
(9) International standards in medical education: assessment and accreditation of medical schools' educational programmes. A WFME position paper. Med Edu 1998; 32, 549-558
(10) WHO/WFME Guidelines for Accreditation of Basic Medical Education (2005)　WFMEウェブサイト　http://wfme.org/accreditation/whowfme-policy/28-2-who-wfme-guidelines-for-accreditation-of-basic-medical-education-english/file（アクセス日：2015年11月1日）
(11) 医学教育分野別評価基準日本版　Ver. 1.30　http://jsme.umin.ac.jp/ann/WFME-GS-JAPAN_2012_v1_3.pdf（アクセス日：2015年11月1日）

参考文献・資料

■ 基本的な資料

- 川口昭彦著（独立行政法人大学評価・学位授与機構編集）『大学評価文化の展開―わかりやすい大学評価の技法』大学評価・学位授与機構大学評価シリーズ、ぎょうせい、2006年
- 独立行政法人大学評価・学位授与機構編著『大学評価文化の展開―高等教育の評価と質保証』大学評価・学位授与機構大学評価シリーズ、ぎょうせい、2007年
- 独立行政法人大学評価・学位授与機構編著『大学評価文化の展開―評価の戦略的活用をめざして』大学評価・学位授与機構大学評価シリーズ、ぎょうせい、2008年
- 川口昭彦著（独立行政法人大学評価・学位授与機構編集）『大学評価文化の定着―大学が知の創造・継承基地となるために』大学評価・学位授与機構大学評価シリーズ、ぎょうせい、2009年
- 独立行政法人大学評価・学位授与機構編著『大学評価文化の定着―日本の大学教育は国際競争に勝てるか？』大学評価・学位授与機構大学評価シリーズ、ぎょうせい、2010年
- 独立行政法人大学評価・学位授与機構編著『大学評価文化の定着―日本の大学は世界で通用するか？』大学評価・学位授与機構大学評価シリーズ、ぎょうせい、2014年
- 高等教育に関する質保証関係用語集 第3版（Glossary of Quality Assurance in Japanese Higher Education, 3rd edition）2011年　http://www.niad.ac.jp/n_shuppan/package/no9_21_niadue_glossary_2011.pdf

参考文献・資料

■　一般社団法人専門職高等教育質保証機構ウェブサイト

　　URL：http://qaphe.jp/

■　独立行政法人大学評価・学位授与機構ウェブサイト

　　URL：http://www.niad.ac.jp/

■　関係法令

○学校教育法（昭和二十二年法律第二十六号）（抜粋）
第一条　この法律で、学校とは、幼稚園、小学校、中学校、高等学校、中等教育学校、特別支援学校、大学及び高等専門学校とする。
【専修学校】
第百二十四条　第一条に掲げるもの以外の教育施設で、職業若しくは実際生活に必要な能力を育成し、又は教養の向上を図ることを目的として次の各号に該当する組織的な教育を行うもの（当該教育を行うにつき他の法律に特別の規定があるもの及び我が国に居住する外国人を専ら対象とするものを除く。）は、専修学校とする。
　一　修業年限が一年以上であること。
　二　授業時数が文部科学大臣の定める授業時数以上であること。
　三　教育を受ける者が常時四十人以上であること。
【高等課程・専門課程・一般課程】
第百二十五条　専修学校には、高等課程、専門課程又は一般課程を置く。
②　専修学校の高等課程においては、中学校若しくはこれに準ずる学校を卒業した者若しくは中等教育学校の前期課程を修了した者又は文部科学大臣の定めるところによりこれと同等以上の学力があると認められた者に対して、中学校における教育の基礎の上に、心身の発達に応じて前条の教育を行うものとする。
③　専修学校の専門課程においては、高等学校若しくはこれに準ずる学校若

しくは中等教育学校を卒業した者又は文部科学大臣の定めるところによりこれに準ずる学力があると認められた者に対して、高等学校における教育の基礎の上に、前条の教育を行うものとする。

④　専修学校の一般課程においては、高等課程又は専門課程の教育以外の前条の教育を行うものとする。

【高等専修学校・専門学校】

第百二十六条　高等課程を置く専修学校は、高等専修学校と称することができる。

②　専門課程を置く専修学校は、専門学校と称することができる。

【設置基準】

第百二十七条　専修学校は、国及び地方公共団体のほか、次に該当する者でなければ、設置することができない。

　一　専修学校を経営するために必要な経済的基礎を有すること。
　二　設置者（設置者が法人である場合にあつては、その経営を担当する当該法人の役員とする。次号において同じ。）が専修学校を経営するために必要な知識又は経験を有すること。
　三　設置者が社会的信望を有すること。

【適合基準】

第百二十八条　専修学校は、次の各号に掲げる事項について文部科学大臣の定める基準に適合していなければならない。

　一　目的、生徒の数又は課程の種類に応じて置かなければならない教員の数
　二　目的、生徒の数又は課程の種類に応じて有しなければならない校地及び校舎の面積並びにその位置及び環境
　三　目的、生徒の数又は課程の種類に応じて有しなければならない設備
　四　目的又は課程の種類に応じた教育課程及び編制の大綱

○専修学校設置基準（昭和五十一年文部省令第二号）（抜粋）
　（趣旨）
第一条　専修学校は、学校教育法（昭和二十二年法律第二十六号）その他の法令の規定によるほか、この省令の定めるところにより設置するものとする。
2　この省令で定める設置基準は、専修学校を設置するのに必要な最低の基準とする。
3　専修学校は、この省令で定める設置基準より低下した状態にならないようにすることはもとより、広く社会の要請に応じ、専修学校の目的を達成するため多様な分野にわたり組織的な教育を行うことをその使命とすることにかんがみ、常にその教育水準の維持向上に努めなければならない。
　（教育上の基本組織）
第二条　専修学校の高等課程、専門課程又は一般課程には、専修学校の目的に応じた分野の区分ごとに教育上の基本となる組織（以下「基本組織」という。）を置くものとする。
2　基本組織には、教育上必要な教員組織その他を備えなければならない。
　（学科）
第三条　基本組織には、専攻により一又は二以上の学科を置くものとする。
2　前項の学科は、専修学校の教育を行うため適当な規模及び内容があると認められるものでなければならない。
第四条　基本組織には、昼間において授業を行う学科（以下「昼間学科」という。）又は夜間その他特別な時間において授業を行う学科（以下「夜間等学科」という。）を置くことができる。
　（通信制の学科の設置）
第五条　昼間学科又は夜間等学科を置く基本組織には、通信による教育を行う学科（当該基本組織に置かれる昼間学科又は夜間等学科と専攻分野を同じくするものに限る。以下「通信制の学科」という。）を置くことができる。
2　通信制の学科は、通信による教育によつて十分な教育効果が得られる専攻分野について置くことができる。

（授業科目）

第八条　専修学校の高等課程においては、中学校における教育の基礎の上に、心身の発達に応じて専修学校の教育を施すにふさわしい授業科目を開設しなければならない。

2　専修学校の専門課程においては、高等学校における教育の基礎の上に、深く専門的な程度において専修学校の教育を施すにふさわしい授業科目を開設しなければならない。

3　前項の専門課程の授業科目の開設に当たつては、豊かな人間性を涵養(かん)するよう適切に配慮しなければならない。

4　専修学校の一般課程においては、その目的に応じて専修学校の教育を施すにふさわしい授業科目を開設しなければならない。

（単位時間）

第九条　専修学校の授業における一単位時間は、五十分とすることを標準とする。

（入学前の授業科目の履修等）

第十二条　専修学校の高等課程においては、教育上有益と認めるときは、専修学校の定めるところにより、生徒が当該高等課程に入学する前に行つた専修学校の高等課程又は専門課程における授業科目の履修（第十五条の規定により行つた授業科目の履修を含む。）並びに生徒が当該高等課程に入学する前に行つた前条第一項及び第五項に規定する学修を、当該高等課程における授業科目の履修とみなすことができる。

2　前項により当該高等課程における授業科目の履修とみなすことができる授業時数は、転学等の場合を除き、当該高等課程において履修した授業時数以外のものについては、第十条第一項並びに前条第一項及び第五項により当該高等課程における授業科目の履修とみなす授業時数と合わせて当該高等課程の修了に必要な総授業時数の二分の一を超えないものとする。

3　専修学校の専門課程においては、教育上有益と認めるときは、専修学校の定めるところにより、生徒が当該専門課程に入学する前に行つた専修学

校の専門課程における授業科目の履修（第十五条の規定により行つた授業科目の履修を含む。）並びに生徒が当該専門課程に入学する前に行つた前条第三項及び第五項に規定する学修を、当該専門課程における授業科目の履修とみなすことができる。
4　前項により当該専門課程における授業科目の履修とみなすことができる授業時数は、転学等の場合を除き、当該専門課程において履修した授業時数以外のものについては、第十条第二項並びに前条第三項及び第五項により当該専門課程における授業科目の履修とみなす授業時数と合わせて当該専門課程の修了に必要な総授業時数の二分の一を超えないものとする。

（昼間学科及び夜間等学科の授業時数）
第十六条　昼間学科の授業時数は、一年間にわたり八百単位時間以上とする。
2　夜間等学科の授業時数は、一年間にわたり四百五十単位時間以上とする。

（昼間学科及び夜間等学科における全課程の修了要件）
第十七条　昼間学科における全課程の修了の要件は、八百単位時間に修業年限の年数に相当する数を乗じて得た授業時数以上の授業科目を履修することとする。
2　夜間等学科における全課程の修了の要件は、四百五十単位時間に修業年限の年数を乗じて得た授業時数（当該授業時数が八百単位時間を下回る場合にあつては、八百単位時間）以上の授業科目を履修することとする。

（授業時数の単位数への換算）
第十八条　専修学校の高等課程における生徒の学修の成果を証する必要がある場合において、当該生徒が履修した授業科目の授業時数を単位数に換算するときは、三十五単位時間をもつて一単位とする。
第十九条　専修学校の専門課程における生徒の学修の成果を証する必要がある場合において、当該生徒が履修した授業科目の授業時数を単位数に換算するときは、四十五時間の学修を必要とする内容の授業科目を一単位とすることを標準とし、専修学校の教育の特性を踏まえつつ、授業の方法に応じ、当該授業による教育効果、授業時間外に必要な学修等を考慮して、次

の基準により行うものとする。
一　講義及び演習については、十五時間から三十時間までの範囲で専修学校が定める授業時数をもって一単位とする。
二　実験、実習及び実技については、三十時間から四十五時間までの範囲で専修学校が定める授業時数をもって一単位とする。ただし、芸術等の分野における個人指導による実技の授業については、専修学校が定める授業時数をもって一単位とすることができる。
三　前項の規定にかかわらず、卒業研究、卒業制作等の授業科目の授業時数については、これらに必要な学修等を考慮して、単位数に換算するものとする。

《大学入学資格に関する法令規定》
○学校教育法施行規則（昭和二十二年文部省令第十一号）（抜粋）
第百五十条　学校教育法第九十条第一項の規定により、大学入学に関し、高等学校を卒業した者と同等以上の学力があると認められる者は、次の各号のいずれかに該当する者とする。
三　専修学校の高等課程（修業年限が三年以上であることその他の文部科学大臣が定める基準を満たすものに限る。）で文部科学大臣が別に指定するものを文部科学大臣が定める日以後に修了した者
【解説】大学入学資格の要件
　　a．修業年限3年以上
　　b．卒業に必要な総授業時数2,590単位時間（又は74単位）以上
［大学入学資格に係る専修学校高等課程の指定に関する実施要項（抜粋）］
各課程においては、以下の点にも十分に留意すること。
①中学校教育の基礎の上に、心身の発達に応じて、基本的な普通教育に配慮しつつ、職業若しくは実際生活に必要な能力を育成し、又は教養の向上を図ることを目的とした教育を行うものと認められる専修学校高等課程であること。

②卒業に必要な普通科目についての総授業時数は、420単位時間（12単位）以上であること。ただし、105単位時間（3単位）までは、教養科目で代替することができること。

③普通科目とは、高等学校学習指導要領に示す「国語」、「地理歴史」、「公民」、「数学」、「理科」又は「外国語」の各教科の目標に即した内容を有する科目とすること。

④教養科目とは、専門科目又は③に掲げる普通科目以外の科目で一般的な教養の向上又は心身の発達を図ることを目的とした内容を有する科目とし、例えば、芸術（美術、音楽、書道、茶華道など）、保健・体育、家庭、礼儀・作法などがこれに該当すること。

⑤③に掲げる普通科目を担当する教員の相当数が、高等学校の普通免許状を所有していることが望ましいこと。

《大学院入学資格に関する法令規定》
○学校教育法施行規則（昭和二十二年文部省令第十一号）（抜粋）
第百五十五条　学校教育法第九十一条第二項又は第百二条第一項本文の規定により、大学（短期大学を除く。以下この項において同じ。）の専攻科又は大学院への入学に関し大学を卒業した者と同等以上の学力があると認められる者は、次の各号のいずれかに該当する者とする。ただし、第七号及び第八号については、大学院への入学に係るものに限る。

　五　専修学校の専門課程（修業年限が四年以上であることその他の文部科学大臣が定める基準を満たすものに限る。）で文部科学大臣が別に指定するものを文部科学大臣が定める日以後に修了した者

【解説】大学院入学資格の要件
　a．修業年限4年以上
　b．課程の修了に必要な総授業時数3,400単位時間（又は124単位）以上
　c．体系的に教育課程が編成されていること
　d．試験等により成績評価を行い、その評価に基づいて課程修了の認定

を行っていること

《大学編入学資格に関する法令規定》
〇学校教育法（昭和二十二年法律第二十六号）（抜粋）
第百三十二条　専修学校の専門課程（修業年限が二年以上であることその他の文部科学大臣の定める基準を満たすものに限る。）を修了した者（第九十条第一項に規定する者に限る。）は、文部科学大臣の定めるところにより、大学に編入学することができる。
【解説】大学編入学の要件
　専修学校の専門課程（修業年限が２年以上、総授業時数が1,700単位時間又は62単位以上であるものに限る）を修了した者

あとがき

　知識社会における組織が求められる要素のうち、もっとも重要なものの一つは、「多様性」でしょう。多様な知識、能力、技能そして経験をもつ人たちで構成されている組織が、知識社会の牽引力となるのです。

　日本社会は、明治以来、欧米に追いつくことをめざして、発展してきました。このためには、同質性や均一性の高いことが、好都合であったかもしれません。しかし、変化が激しく、グローバル化が急速に進む知識社会においては、他と同じことを重視する画一的・均一的な組織には活力ある未来は望めません。多様性を認め合うことが、一人ひとりのモチベーションの向上や自己実現の可能性を高めるとともに、組織や社会にとっても、イノベーション力の向上や発想の柔軟性をもたらすことになります。

　高等教育のあり方についても、多様な経歴をもつ人々が、それぞれの能力、技能を最大限に生かして活躍できる社会を実現できるよう、根本的な転換を図ることが喫緊の課題です。わが国においては、産業構造の変化だけではなく、雇用環境・労働市場の変化も、高等教育の将来に大きな影響をあたえています。十分な知識と技能を身につけ、思考力、判断力、表現力を磨き、主体性をもって多様な人々と協働することをつうじて社会に貢献できる若者を育成することが求められています。

　世界の先進各国では、学術研究を志向する教育課程や高度な技能を必要とする専門職に就くための教育課程（医学など）のほかに、実践

的あるいは特定の職業的な専門教育課程も大学体系に位置づけられています。わが国においても、社会的需要に応じた質の高い職業人を養成するために、質の保証をともなった高等職業教育の充実が必要です。

職業教育の質保証を行うために、もっとも重要なキーワードは「学修成果」です。学校で提供される教育課程によって、どのような付加価値が期待できるのか、すなわち、どのような知識、能力、技能さらに態度を身につけることが期待できるのかという問いかけに対する答えです。学校は、絶えず、学修成果の質の改善・向上に取り組む責任をもっています。また、第三者質保証機関の任務は、その質の改善・向上を支援するとともに、質の現状を分析し公表することです。

専門学校は、大学や短期大学と同じように高等学校卒業以上の人を対象とした高等教育機関で、わが国の職業教育を支えてきました。実践的な職業教育の必要性が声高に叫ばれている現在、専門学校教育の質向上・改善が求められています。このために、本書が少しでも示唆を与えるものであることを願っています。

この専門学校質保証シリーズを発刊するにあたって、一般社団法人専門職高等教育質保証機構の関係者の方々、文部科学省生涯学習政策局をはじめ機構外の多くの方々のご協力をいただきました。心からお礼申し上げます。また、機会あるごとに、貴重なご意見をいただいた、独立行政法人大学評価・学位授与機構の関係者の方々にも感謝の意を表したいと思います。最後に、本書を出版するにあたり、株式会社ぎょうせいにお世話になり、心よりお礼申し上げます。

【編　者】
一般社団法人専門職高等教育質保証機構
2011年2月、一般社団法人ビューティビジネス評価機構として設立。2012年7月、ビューティビジネス専門職大学院の認証評価機関として文部科学大臣から認証を受ける。2014年9月、一般社団法人専門職高等教育質保証機構と改称。

【著　者】
川口昭彦（かわぐち　あきひこ）
1942年、台湾台北市生まれ。岡山大学理学部卒業、京都大学大学院修了。東京大学教養学部教授、評議員、大学院総合文化研究科教授、総合研究博物館長、大学評価・学位授与機構評価研究部長・教授、独立行政法人大学評価・学位授与機構理事、特任教授を経て現在、顧問・名誉教授。一般社団法人専門職高等教育質保証機構代表理事。理学博士（京都大学）

〈主な著書・編著書等〉
「生命と時間　生物化学入門」（東京大学出版会）、「教養教育の改革とその評価　東京大学は変わる―教養教育のチャレンジ―」（東京大学出版会、pp. 179-199）、「脂肪酸合成酵素」（日本臨牀、59、増刊号2　高脂血症（上巻）pp. 167-172）、「生体構成物質　大学生のための基礎シリーズ2　生物化学入門」（東京化学同人、pp. 1-22）、「平成の教育改革：国立大学法人化と評価文化」（情報の科学と技術　55、No. 12、pp. 518-521）、「大学評価・学位授与機構大学評価シリーズ（全6巻）」（ぎょうせい）

専門学校質保証シリーズ
高等職業教育質保証の理論と実践

平成27年12月10日　第1刷発行

編　集　一般社団法人専門職高等教育質保証機構
著　者　川　口　昭　彦
発　行　株式会社ぎょうせい

〒136-8575　東京都江東区新木場1-18-11
電　話　編集　03-6892-6508
　　　　営業　03-6892-6666
　　　　フリーコール　0120-953-431
URL:http://gyosei.jp

〈検印省略〉

※乱丁、落丁本は、お取り替えいたします。　　Ⓒ2015　Printed in Japan
印刷　ぎょうせいデジタル㈱
ISBN978-4-324-10054-7
(5108194-00-000)
〔略号：質保証（理論）〕